PRENTICE HALL A/B

Realidades

Alternate Assessment Program on Blackline Masters

PEARSON

Prentice Hall

Needham, Massachusetts
Upper Saddle River, New Jersey

ISBN-13: 978-0-13-322584-6

ISBN-10:   0-13-322584-4

2 3 4 5 6 7 8 9 10   V001   16 15 14 13

Table of Contents

Professional Development

Answer Key for the Alternate Testing Program

Alternate Chapter Assessments, Level A

Alternate Chapter Assessments, Level B

Professional Development

Professional Development

Assessment for Special Needs Students

Studying a foreign language can be a tremendously rewarding experience for the average student. Not only is foreign language study a curricular requirement in most schools nationwide, but it also provides students with a tangible life skill that they can practice daily. However, students who have difficulty with language learning may find this to be a stressful experience. Assessment of these students' skills can be difficult for the teacher, parent, and student alike. The Alternate Assessment Program for *Realidades* was created to provide a fair yet standardized way of testing these students.

There are numerous obstacles in a foreign language class that are not common problems in other subjects. For example, students in a foreign language class are tested on reading and listening comprehension, speaking and writing proficiency, and cultural understanding, in addition to their understanding of the vocabulary and grammar in each chapter. Those can be daunting tasks for students who are struggling with verb conjugations or Spanish word pronunciation. The philosophy of the Alternate Assessment Program is to simplify the regular *Realidades* Assessment Program by providing more structure and less contextualized situations.

Listening comprehension can be an especially daunting experience for students who have difficulty with the language they hear. Some students have difficulty understanding the pattern of accentuation, while others might have a general hearing impairment. Teachers who administer a listening comprehension section of a test should be aware of the potential challenges facing these students and should be prepared to make accommodations for them. Some students, such as those who are hearing impaired, may already have accommodations addressed in an Individualized Education Program (IEP). It is more likely, however, that teachers will have to observe their students to decide who will need special testing arrangements and what those arrangements will be.

Here are some strategies for helping students succeed with listening comprehension:

- Administer the test in a different setting, such as in a library or learning center where the student may be less distracted by other students and can be given extended time to complete the test.

- Read the script to the student instead of using the audio program; this again allows student to concentrate better on what is being said without the distractions of time and noise. It will also give students who understand language better through facial expressions and lip movement a chance to use that skill. (Note: Direction lines for the *Escuchar* section of the Alternate Assessment do not always exactly match the audio program. For more on this, see page T5 of the Alternate Assessment Program.)

- Repeat the recording; in longer class periods this will benefit all students, but is necessary for students who have listening comprehension difficulties.

- Repeat the initial presentation of material habitually for students who have difficulty organizing or concentrating. Follow this up by constant review and, perhaps, a slower pace of instruction to give all students a better chance to succeed.

The Listening Comprehension Scripts for teachers can be found in the regular Assessment Program, beginning on page T59. For more information on strategies for remediation and reteaching to students with difficulties, see pages T13–T15 of the regular Assessment Program.

Realidades Assessment Program

The assessment options in *Realidades* combine the best of achievement and authentic/performance-based assessment. (For more on achievement and performance assessment, see pages T3–T6, T22 of the regular Assessment Program.) Chapter Quizzes (*Pruebas*) in every chapter test student comprehension of vocabulary and grammar structures using a variety of achievement-based tests. The Chapter Tests (*Exámenes del capítulo*) blend performance-based with achievement-based assessment to give teachers a more comprehensive view, not only of what the student has learned in the language, but also what the student can do with it. Each *Examen del capítulo* contains six parts: vocabulary and grammar achievement, listening comprehension, reading comprehension, writing proficiency, speaking proficiency, and assessment of the culture task.

For more on scoring the *Exámenes del capítulo*, see page T7 of the regular Assessment Program.

The regular Assessment Program provides detailed scoring templates in the form of rubrics for teachers using the *Exámenes del capítulo*. An explanation of rubrics and how to use them is given on pages T9–T11. Rubrics for the writing and speaking proficiencies of each chapter test are on pages T34–T50, followed by rubrics for the cumulative exams on pages T50–T52.

The Alternate Assessment Program is specially tailored to meet the needs of students requiring any of a wide variety of special accommodations. While the *Pruebas* remain unchanged, the *Exámenes del capítulo* and the *Exámenes cumulativos* have been modified from the originals in several ways. On the most basic level, students write all answers directly on the test pages, rather than on answer sheets, to avoid the potential difficulties of having to transfer information from test pages to answer sheets. Tests have been adapted at many other levels, as well. For example, each section in *Parte I* is designed to focus on one specific function, such as assessing knowledge of food vocabulary or students' accuracy in present tense narration. Such a narrow focus allows students to dedicate their attention to one task at a time, thereby improving concentration and success rates. In addition, handwriting has been limited to essentials, so students can make better use of their time in the testing situation.

Throughout the *Exámenes*, the context of each section has been preserved, while extraneous information has been removed, and directions have been streamlined to allow students to "zero in" on the task at hand. The types of assessment activities have been adapted or limited as well, to facilitate the test-taking process for alternate learners. Types of activities in *Parte I (Vocabulario y gramática en uso)* include:

- Vocabulary fill-ins, often with word banks
- Verb form fill-ins, with infinitives provided
- Circling the correct conjugated verb, limited to two dissimilar options
- Labeling pictures, sometimes with word banks provided
- Multiple choice with only two options

The integrated *Parte II (Comunicación y cultura)* contains similar modifications throughout sections A–E. In all sections, the direction lines have been adapted to exclude extraneous information and to clearly direct students to the task being assessed. In the *Escuchar* sections, all students in the class hear and work with the same dialogue or series of statements. However, those using the Alternate Assessment Program complete activities that have been adapted to focus on only one task, rather than two or more. In addition, the more spatially complex charts have been adapted or eliminated to allow students to focus on the linguistic task without distraction or added difficulty.

Similarly, the *Leer* sections instruct students to read selections that may vary slightly from the regular Assessment Program. Information not related directly to the accompanying reading comprehension activity has been omitted. Comprehension questions are often posed in a true/false, *sí/no*, or multiple choice format to allow students to demonstrate their understanding and not focus on language production in these sections.

In the *Escribir* sections, directions are more focused than those of the regular Assessment Program. Students are encouraged less to elaborate and more to complete the task that is given. Sometimes a lead-in phrase is provided to ensure that students begin the task appropriately and complete all requirements. While the grading criteria remain the same in most cases, tasks are often shortened to allow the students more time to thoroughly answer the question.

Finally, the *Hablar* and *Cultura* sections feature very concise and specific directions, guiding the students to practice exactly the vocabulary, grammar, and culture that have been the focus of the chapter. *Hablar* activities direct students to sustain a conversation with a partner (who could be their teacher), to allow teachers to guide the conversation and facilitate language production of students requiring special accommodations. In both of these sections, the information elicited remains largely unchanged. The speaking proficiency scripts for teachers can be found in the regular Assessment Program, beginning on page T73.

Alternate Assessment Terms

- **Accommodations:** Changes in environment, materials, presentation, or response mode to allow students access to instruction and an opportunity to participate in learning. One typical accommodation is giving students extra time for taking tests.

- **Attention Deficit Disorder (ADD)** and **Attention Deficit/Hyperactivity Disorder (ADHD):** These diagnoses are applied to children and adults who consistently display certain behaviors over a period of time. Most commonly these behaviors are inattention, hyperactivity, and impulsivity. These students may be easily distracted and have a hard time focusing on one thing at a time and may get bored with a task in a relatively short time. Students who are hyperactive always seem to be in motion. Impulsive students seem unable to curb their immediate reactions or think before they act.

- **Auditory Processing Disorder:** This type of disability interferes with a student's ability to analyze and make sense of information taken in through the ears. Unlike a **hearing impairment**, difficulties with auditory processing do not affect what is heard, but do affect how this information is interpreted or processed by the brain. Students with this type of disability will not do well in an environment where instruction is delivered by spoken language.

- **Dyslexia:** This neurologically based learning disorder is characterized by difficulties with accurate and/or fluent word recognition and by poor spelling and decoding abilities. Students with dyslexia tend to be poor readers, and as a consequence of their reduced reading experience, their growth of vocabulary and background knowledge may be limited.

- **Individualized Education Program (IEP):** A written statement or plan for a specific child with a disability that is developed, reviewed, and revised at an IEP meeting. The IEP guides the delivery of special education supports and services for that child.

- **Modifications:** Changes in curriculum content, type of instruction, or materials that are likely to alter student expectations or learning outcomes. One type of curriculum modification is a reduction of the number of spelling words that a student is responsible for.

- **Nonverbal Learning Disability (NLD, NVLD):** Children with this neurologically based right hemisphere impairment have deficits in information processing and organizational skills, poor visual-spatial and sensory functioning, and impairment in social interactions. These children may seem very verbal, but they have trouble with the nonverbal domains of their lives. Because of their lack of ability to see "the big picture" and drown in details, they benefit from teaching that explains and reviews the "main idea," as well as schedules and routines that are predictable.

- **Special Education:** Specially designed instruction for students with special needs. (See IEP above.)

- **Speech and Language Disorders:** There is a variety of disorders that can cause problems in communication and related areas, such as motor function. Some of the causes of speech and language disorders include hearing loss, neurological disorders, brain injury, or physical impairments.

- **Visual Processing or Perceptual Disorder:** This disorder refers to hindered ability to make sense of information taken in through the eyes. Different from a **visual impairment,** this disorder causes difficulties with visual processing, which affects how visual information is interpreted or processed by the brain.

Answer
Key

This page intentionally left blank.

Alternate Chapter Assessments, Level A

C. Leer (__ / __ puntos)

Label each item with the appropriate phrase from the word bank below.

| el bolígrafo | la carpeta | el cuaderno |
| el lápiz | el libro | la hoja de papel |

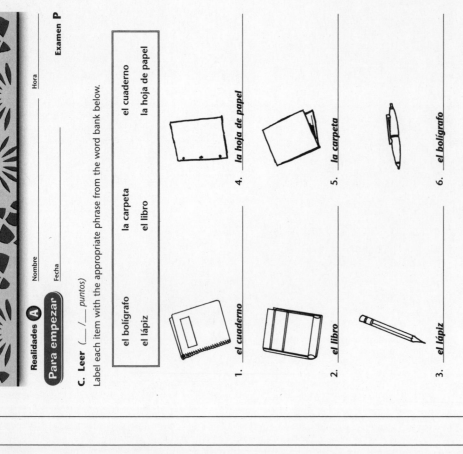

1. *el cuaderno*

2. *el libro*

3. *el lápiz*

4. *la hoja de papel*

5. *la carpeta*

6. *el bolígrafo*

EXAMEN DE *Para empezar*

A. Escuchar (__ / __ puntos)

You plan to spend a month in Bolivia as an exchange student. Because you want to avoid making mistakes when responding to questions, you have asked a friend to help you practice your Spanish. Listen to the questions, then choose the most appropriate response to each one. You will hear the questions twice.

Below are six possible responses. Write the number of the question in the blank next to the corresponding response.

__5__ Me llamo Margarita.

__1__ Regular, ¿y tú?

__2__ Hoy es viernes.

__3__ Muy bien, gracias.

__6__ No. Son las ocho y cuarto.

__4__ No. Hoy es el doce de septiembre.

B. Leer (__ / __ puntos)

Read the following weather report and answer the questions in English.

> **El cinco de diciembre**
>
> Hoy en Boston hace frío y nieva. La temperatura máxima es 20 grados y la mínima es 0. No hace viento.

1. On what date is this weather report given?   *The report is given on December 5th.*

2. What is the weather like in Boston today?   *It is cold and snowy in Boston.*

3. What is the high temperature? and the low?   *High is 20°*   *Low is 0°*

4. According to the information provided in the weather report, which of these statements is **not** correct? Circle your answer.

   a. It is cold today.

   b. It is windy today.

   c. It is snowing today.

T8

Realidades **(A)**

Capítulo **1A**

Nombre _____

Fecha _____

Hora _____

Examen **1A**, Page 1

EXAMEN DEL CAPÍTULO, 1A

PARTE I: Vocabulario y gramática en uso

A. (__/__ *puntos*) On the blanks, write the leisure activity from the word bank represented by each picture.

hablar por teléfono	escribir cuentos
usar la computadora	pasar tiempo con amigos
leer revistas	tocar la guitarra

1. *leer revistas*

2.  *pasar tiempo con amigos*

3.  *tocar la guitarra*

4. *hablar por teléfono*

5.  *escribir cuentos*

6. *usar la computadora*

B. (__/__ *puntos*) Read the following conversation and circle the phrases that best complete it. The first one has been done for you.

—No me gusta nada correr.

—**1** (Hacer / **A mí tampoco**)

—¿Qué te gusta **2** (**hacer** / a mí también)?

—Pues, a mí me gusta escuchar música. ¿Y **3** (**a ti** / a mí tampoco)?

—**4** (**A mí también** / Hacer) me gusta escuchar música, pero me gusta

—**5** (a ti / **más**) cantar y bailar.

Realidades **(A)**

Capítulo **1A**

Nombre _____

Fecha _____

Hora _____

Examen **1A**, Page 2

C. (__/__ *puntos*) Complete the following conversations with me gusta or te gusta.

1. MARÍA: Arturo, ¿ _te_ _gusta_ dibujar?

   ARTURO: Sí, _me_ _gusta_ _____.

2. MARÍA: Elena, ¿ _te_ _gusta_ trabajar?

   ELENA: No, no _me_ _gusta_ _____.

   MARÍA: ¿Qué _te_ _gusta_ hacer?

   ELENA: Pues, _me_ _gusta_ ver la tele.

3. MARÍA: Ana, ¿qué te gusta hacer?

   ANA: Pues, _me_ _gusta_ bailar y cantar.

4. MARÍA: Andrés, ¿qué no te gusta hacer?

   ANDRÉS: No _me_ _gusta_ _____ ni patinar ni montar en monopatín.

Realidades **A**

Nombre _____

Hora _____

Capítulo 1A

Fecha _____

Examen **1A**, Page 4

B. Leer (___ / ___ puntos)

Read the following personal ads from a popular Spanish magazine, *Chispas*. Then, place a check mark in the corresponding box if the person LIKES a particular activity. Three items have been done for you.

1. Hola. ¿Qué tal? Me llamo Mónica. Me gusta ver MTV en la tele, bailar ballet y escuchar música moderna. No me gusta ni practicar deportes... ni correr, ni nadar. ¿Y qué más? ¡Me gusta MUCHO leer *Chispas*, mi revista favorita!

2. ¿Qué tal, amigos? Me llamo Noé. ¿Qué me gusta hacer? Depende de la estación. En el verano, me gusta nadar. En el otoño, me gusta montar en bicicleta. En la primavera, me gusta correr. ¿Y en el invierno? Me gusta jugar videojuegos.

3. ¿Te gusta bailar? ¡A mí también! ¿Te gusta trabajar? ¡A mí tampoco! Me llamo Javier. En todos los meses del año, me gusta tocar la guitarra con mi banda, "Los Animales". Me gusta más cantar... música romántica y música rock. ¿Y a ti?

	Mónica	Noé	Javier
listening to music	✓		
running		✓	
playing the guitar			✓
going to school			
playing sports			
playing videogames		✓	
spending time with friends			
swimming		✓	
reading magazines	✓		
singing			✓
riding bicycles		✓	
working			
dancing	✓		
watching TV	✓		✓

Now, circle the name of the person who sounds the most interesting to you!
Answers will vary.

6 Alternate Assessment — *Examen del capítulo, 1A*

Realidades **A**

Nombre _____

Hora _____

Capítulo 1A

Fecha _____

Examen **1A**, Page 3

PARTE II: Comunicación y cultura

A. Escuchar (___ / ___ puntos)

Listen to the voicemails in Spanish from students looking for a "match-up" to the homecoming dance. Each caller tells two things he or she likes to do and one thing he or she does not like to do. Look at the pictures and circle the ones that match what each caller likes. Put an X through the pictures that match what each caller DOES NOT like. Be careful! The callers do not always give the information in the same order as the pictures!

You will hear an example first. Listen to Luis's voicemail and look at the pictures selected to match what he says. You will hear each set of statements twice.

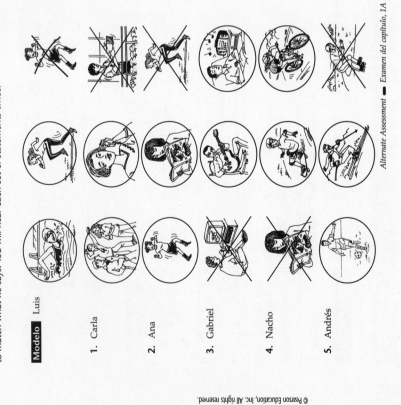

Modelo Luis

1. Carla

2. Ana

3. Gabriel

4. Nacho

5. Andrés

Alternate Assessment — *Examen del capítulo, 1A* **5**

EXAMEN DEL CAPÍTULO, 1B

PARTE I: Vocabulario y gramática en uso

A. (___/___ *puntos*) Write the opposite of the following words in the blanks provided.

1. atrevido _____ *reservado*
2. desordenado _____ *ordenado*
3. serio _____ *gracioso*
4. trabajador _____ *perezoso*
5. paciente _____ *impaciente*

B. (___/___ *puntos*) Two students are discussing a friend. Circle the expression that best completes their thoughts.

—¿Cómo se llama tu amigo?

—1 (**Se llama** / Según) Kiko.

—¿Qué 2 (eres / **le gusta**) hacer?

—Pues, 3 (soy / **le gusta**) practicar deportes y nadar.

—Él es muy 4 (**deportista** / eres), ¿no?

—Sí, y también es trabajador, pero 5 (soy / **a veces**) es impaciente.

—Yo 6 (**soy** / según) trabajadora también. 7 (**Según** / Eres) mi familia soy muy estudiosa.

—¿8 (Se llama / **Eres**) impaciente también?

—No, yo 9 (se llama / **soy**) paciente.

C. Escribir (___/___ *puntos*) ***Answers will vary.***

Write the following information about yourself in complete sentences in Spanish.

1. your name
2. three things you like to do
3. three things you don't like to do
4. three questions that you want someone else to answer about himself or herself

Modelo *Me gusta bailar.*

> **Your writing will be graded on:**
> • **how much information you give about yourself.**
> • **how you express your likes and dislikes.**
> • **accurate use of newly learned vocabulary and grammar points.**

D. Hablar (___/___ *puntos*)

Make three statements about what you like to do and three statements about what you don't like to do.

> **Your presentation will be graded on:**
> • **how much information you give about yourself.**
> • **how easily you are understood.**
> • **how you express your likes and dislikes.**

E. Cultura (___/___ *puntos*)

Write the name of the dance from the box below on the line next to the phrase that best describes it.

el merengue   el flamenco   el tango   la salsa   la cumbia

1. un baile con ritmos africanos _____ *el merengue*
2. un baile típico de España _____ *el flamenco*
3. un baile famoso de Colombia _____ *la cumbia*
4. un baile romántico de Argentina _____ *el tango*

PARTE II: Comunicación y cultura

A. Escuchar (____/____ puntos)

Listen as people talk about their friends. They each have at least one good thing to say about the friend, but they also mention personality flaws. As you listen, look at the pictures in the grid that represent personality traits. Put one check mark in the column that corresponds to the good trait, and one check mark in the column that corresponds to the flaw that you hear for each person. You will hear each set of statements twice. The first one has been done for you.

	Lorena	Javier	Kiki	Nico	Loli	Beto
☺	✓					
	✓					
				✓		
		✓				✓
			✓		✓	
☹			✓			✓
		✓		✓		
	✓				✓	
			✓			

C. (____/____ puntos) Answer the questions below by writing the trait illustrated by each picture. If you see an "X" over a picture, the person does not have the trait illustrated. Pay attention to the gender of each person.

1. —¿Cómo es el chico?

—Es _desordenado_.

2. —¿Cómo es el chico?

—Es _gracioso_.

3. —¿Cómo es la chica?

—No es _artística_.

4. —¿Cómo es la estudiante?

—Es _inteligente_.

5. —¿Cómo es la chica?

—Es _ordenada_.

6. —¿Cómo es el chico?

—Es _deportista_.

T12

Realidades Ⓐ Nombre _____ Hora _____

Capítulo 1B Fecha _____ Examen **1B**, Page 5

C. Escribir (___ / ___ *puntos*)

Write a description of yourself. Use as many adjectives as possible, tell what you like to do in your free time, and write about what you are like according to your friends.

> **Your writing will be graded on:**
> • how much information you give about yourself.
> • the variety of vocabulary you use.
> • accurate use of newly learned vocabulary and grammar points.

Answers will vary.

D. Hablar (___ / ___ *puntos*)

Tell what you are like. Be sure to mention your personality traits and the things you like to do.

> **Your presentation will be graded on:**
> • how much information you give about yourself.
> • the variety of vocabulary you use to describe yourself.
> • how easily you are understood.

E. Cultura (___ / ___ *puntos*)

Explain the concepts of **amigo** or **amiga** and **conocido** or **conocida** in Spanish-speaking cultures. Write at least three sentences.

The words "amigo" and "conocido" are both words for friendships in Spanish. A very close friend is an "amigo." A casual friend or acquaintance is a "conocido."

12 *Alternate Assessment* ▬ *Examen del capítulo, 1B*

Realidades Ⓐ Nombre _____ Hora _____

Capítulo 1B Fecha _____ Examen **1B**, Page 4

B. Leer (___ / ___ *puntos*)

In a Spanish magazine, you see an interview about one of the smash hits of the TV season, "Tú y yo." The reporter (**reportero**) asks several of the actors about the character (**personaje**) he or she plays on the show. Read the interview.

REPORTERO: *Hola, Sr. Bandero. ¿Cómo se llama su personaje en "Tú y yo"?*

SR. BANDERO: *Se llama José Luis.*

REPORTERO: *¿Cómo es José Luis?*

SR. BANDERO: *Pues... ¡José Luis es muy talentoso y simpático... como yo!*

REPORTERO: *Bueno. ¿Es el Sr. Bandero similar a José Luis?*

SR. BANDERO: *Claro que sí. ¡Idénticos! Él es trabajador, y yo también.*

REPORTERO: *Gracias. Hasta luego.*

SR. BANDERO: *Hasta luego. Nos vemos.*

REPORTERO: *Buenos días, Srta. Robles. ¿Cómo se llama su personaje en "Tú y yo"?*

SRTA. ROBLES: *Se llama Cristina Córdoba. Ella es muy atrevida y super sociable. Yo, no. Soy reservada y MUY romántica. Según mis amigos, no soy atrevida ni sociable. No me gustan las fiestas. Me gusta más pasar el tiempo con una revista buena.*

REPORTERO: *Gracias. Mucho gusto de hablar con usted.*

SRTA. ROBLES: *Encantada. Hasta luego.*

Now, read the statements below, and circle **Sí** if the the statement is correct and **No** if the statement is incorrect.

(Sí) No 1. The character Sr. Bandero plays is just like himself in real life.

(Sí) No 2. Sr. Bandero sees himself as being talented.

Sí **(No)** 3. Although his character is hard-working, Sr. Bandero is not.

(Sí) No 4. Sr. Bandero views his character as a nice guy.

(Sí) No 5. Sr. Bandero sees himself as being nice.

Sí **(No)** 6. The character Srta. Robles plays is just like herself in real life.

(Sí) No 7. Srta. Robles sees herself as being shy and romantic.

(Sí) No 8. Srta. Robles sees her character as daring.

Sí **(No)** 9. Srta. Robles views her character as someone who would enjoy reading a good magazine rather than going to a party.

Sí **(No)** 10. Srta. Robles loves going to parties.

Alternate Assessment ▬ *Examen del capítulo, 1B* **11**

Realidades A

Capítulo 2A

Nombre _____

Fecha _____

Hora _____

Examen **2A**, Page 2

B. (___ / ___ *puntos*) To whom is each sentence referring? Circle the correct subject pronoun. Look at the underlined words for clues. Follow the model.

Modelo   <u>Tengo</u> la clase de español en la segunda hora.   (**yo** / él)

1. <u>Necesito</u> un libro para la clase de inglés.   (ella / **yo**)

2. <u>Lidia y Julio estudian</u> matemáticas.   (nosotros / **ellos**)

3. <u>Hablas</u> con la profesora de ciencias naturales.   (**tú** / ustedes)

4. <u>Necesitamos</u> escribir la tarea de la clase de inglés.   (yo / **nosotros**)

5. <u>Adela, Ana y Olga hablan</u> de la clase de arte.   (él / **ellas**)

6. <u>Tú y Miguel necesitan</u> una carpeta de argollas para la clase de ciencias naturales.   (**ustedes** / ella)

7. La <u>profesora Sánchez enseña</u> la clase de español en la primera hora.   (**ella** / tú)

8. <u>Roberto practica</u> deportes en la clase de educación física.   (**él** / tú)

9. <u>Tú y yo hablamos</u> español.   (ellos / **nosotros**)

C. (___ / ___ *puntos*) Linda is talking about her classes. Complete her comments with the correct forms of the verbs given.

¡Uy, tengo muchas clases! Hoy Marta y yo 1 _**estudiamos**_ (estudiar) para un examen de matemáticas y mañana yo 2 _**estudio**_ (estudiar) para un examen de español. El profesor López 3 _**enseña**_ (enseñar) la clase de español. Me gusta la clase, pero él 4 _**habla**_ (hablar) muy rápido. ¡Yo no 5 _**hablo**_ (hablar) rápido como él! El profesor Rodríguez y la profesora Navarra 6 _**enseñan**_ (enseñar) la clase de educación física. ¡Yo no 7 _**estudio**_ (estudiar) para esta clase! Y tú, ¿qué 8 _**estudias**_ (estudiar) hoy?

Realidades A

Capítulo 2A

Nombre _____

Fecha _____

Hora _____

Examen **2A**, Page 1

EXAMEN DEL CAPÍTULO, 2A

PARTE I: Vocabulario y gramática en uso

A. (___ / ___ *puntos*) Look at Susana's class schedule. Then, complete her comments about her classes by writing the appropriate number. The first two have been done for you.

		miércoles
1	8:00	ciencias sociales
2	9:00	ciencias naturales
3	10:00	matemáticas
4	11:00	educación física
5	1:00	inglés
6	2:00	arte
7	3:00	español

Tengo la clase de español en la 1 _**séptima**_ hora. Me gustan mis clases. Mi clase favorita es la clase de matemáticas. Tengo la clase en la 2 _**tercera**_ hora, a las diez. También me gusta el arte, que es la 3 _**sexta**_ clase del día. En la 4 _**segunda**_ hora tengo la clase de ciencias naturales. Me gusta, pero es difícil. La 5 _**primera**_ clase del día, la clase más aburrida, es la clase de ciencias sociales. No me gusta mucho. Pero sí me gusta la clase de educación física. Es la 6 _**cuarta**_ clase del día. La clase de inglés, en la 7 _**quinta**_ hora, es muy interesante.

T14

D. (__/__ *puntos*) Say what the people shown are doing.

Modelo		ella / cantar
		Ella ___*canta*___.

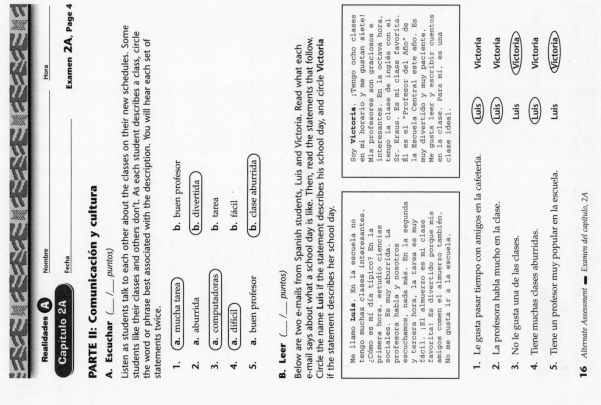

1. él / montar en bicicleta
El ___*monta en bicicleta*___

2. ellos / practicar deportes
Ellos ___*practican deportes*___

3. yo / hablar por teléfono
Yo ___*hablo por teléfono*___

4. nosotros / bailar
Nosotros ___*bailamos*___

5. ella / escuchar música
Ella ___*escucha música*___

6. Ud. / nadar
Ud. ___*nada*___

7. tú / dibujar
Tú ___*dibujas*___

PARTE II: Comunicación y cultura

A. Escuchar (__/__ *puntos*)

Listen as students talk to each other about the classes on their new schedules. Some students like their classes and others don't. As each student describes a class, circle the word or phrase best associated with the description. You will hear each set of statements twice.

1. (a. mucha tarea)   b. buen profesor

2. a. aburrida   (b. divertida)

3. (a. computadoras)   b. tarea

4. a. difícil   (b. fácil)

5. a. buen profesor   (b. clase aburrida)

B. Leer (__/__ *puntos*)

Below are two e-mails from Spanish students, Luis and Victoria. Read what each e-mail says about what a school day is like. Then, read the statements that follow. Circle the name **Luis** if the statement describes his school day, and circle **Victoria** if the statement describes her school day.

> Me llamo **Luis**. En la escuela no tengo muchas clases interesantes. ¿Cómo es mi día típico? En la primera hora, estudio ciencias sociales. Es muy aburrida. La profesora habla y nosotros escuchamos, nada más. En la segunda y tercera hora, la tarea es muy fácil. ¡El almuerzo es mi clase favorita! Es divertido porque mis amigos comen el almuerzo también. No me gusta ir a la escuela.

> Soy **Victoria**. ¡Tengo ocho clases en mi horario y me gustan siete! Mis profesores son graciosos e interesantes. En la octava hora, tengo la clase de inglés con el Sr. Kraus. Es mi clase favorita. Él es el "Profesor del Año" de la Escuela Central este año. Es muy divertido y muy paciente. Me gusta leer y escribir cuentos en la clase. Para mí, es una clase ideal.

1. Le gusta pasar tiempo con amigos en la cafetería.   (Luis)   Victoria

2. La profesora habla mucho en la clase.   (Luis)   Victoria

3. No le gusta una de las clases.   Luis   (Victoria)

4. Tiene muchas clases aburridas.   (Luis)   Victoria

5. Tiene un profesor muy popular en la escuela.   Luis   (Victoria)

D. Hablar (___/___ *puntos*)

Talk about how you and your friends are alike and how you are different. Talk about activities you do together with your friends AND activities that you do separately. For example, you could mention that you and your friends study together.

Mis amigos y yo...

Yo... _____

_____ y mis amigos ...

> **Your presentation will be graded on:**
> - how many differences and similarities you mention.
> - the accurate use of subject pronouns and verb forms.
> - the use of new vocabulary.

E. Cultura (___/___ *puntos*)

Explain which sport in Spanish-speaking countries is considered the most popular for both fans and young players. What are three things about this sport that might be similar to a sporting event in the United States?

1. *Soccer (el fútbol) is the most popular sport in Spanish-*
   speaking countries. Like sporting events in the United
   _____
2. *States, there are lots of fans, cheering, and team songs*
   or anthems.
   _____
3. _____

C. Escribir (___/___ *puntos*) *Answers will vary.*

Write about two of your classes and explain why you like or dislike each class. Include:
- the name of each class.
- a description of the class in terms of difficulty, interest, and practicality.
- a description of the personality of the teacher.
- the reason for liking or disliking the class.

> **Your writing will be graded on:**
> - how much information you give.
> - accuracy in expressing likes and dislikes.
> - the variety of vocabulary you use.

EXAMEN DEL CAPÍTULO, 2B

PARTE I: Vocabulario y gramática en uso

A. (___/___ puntos) Complete the following sentences about items in the classroom with the correct vocabulary words.

1. Hay cuatro _____ **sillas** _____.

2. Hay seis _____ **banderas** _____.

3. Hay una _____ **papelera** _____.

4. Hay dos _____ **sacapuntas** _____.

B. (___/___ puntos) Read the following conversation and complete it with the correct forms of the verb **estar.**

SARA: ¡Hola, Beti! ¿Dónde 1 _____ **estás** _____?

BETI: 2 _____ **Estoy** _____ aquí delante de la escuela. Tengo mucha tarea para mi clase de matemáticas. Pero, ¿dónde 3 _____ **está** _____ mi libro?

SARA: ¡Ay, no! ¡Los libros 4 _____ **están** _____ aquí, en mi mochila!

BETI: ¡Qué pena!

SARA: Oye, mamá y yo 5 _____ **estamos** _____ en ruta (*en route*) a la escuela.

BETI: ¡Muchas gracias! Yo 6 _____ **estoy** _____ al lado de la bandera, delante de la puerta de la escuela.

SARA: Muy bien. ¡Nos vemos!

BETI: ¡Hasta luego!

C. (___/___ puntos) Circle the correct phrase to say where the following items are in the classroom. Follow the model.

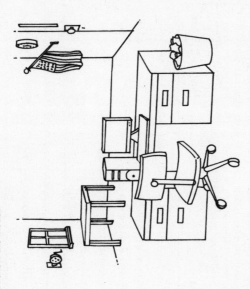

Modelo   La bandera está   (**debajo del** / **encima del**)   reloj.

1. La computadora está   (**encima del** / **delante del**)   escritorio.

2. La papelera está   (**detrás del** / **al lado del**)   escritorio.

3. La mesa está   (**debajo de la** / **encima de la**)   ventana.

4. La silla está   (**detrás del** / **encima del**)   escritorio.

5. El sacapuntas está   (**delante de la** / **al lado de la**)   ventana.

Left panel (Page 3)

PARTE II: Comunicación y cultura

A. Escuchar (_____/_____ puntos)

Listen as these students discuss something that they left behind in one of their classrooms. Their friends and teachers all have suggestions for places to look. As you hear their suggestions, fill in the grid below to indicate which item was lost. You will hear each conversation twice. One item has already been done for you.

Person looking for item	Item
Paco	cartel
Ana	**calculadora**
Andrés	**tarea**
Graciela	**carpeta**
Chucho	**mochila**

Right panel (Page 4)

B. Leer (_____/_____ puntos)

Read Paulina's note below, then respond to the statements by circling **Sí** if the statement is true and **No** if the statement is false.

NOMBRE DE ESTUDIANTE: *Paulina Escobar*   GRADO: *10*

PROBLEMA: Tengo un problema con mi horario. Estoy en la clase de tecnología con la Sra. Chávez en la primera hora. Es una clase muy difícil para mí. ¡Soy trabajadora, pero no me gusta la clase! No es una clase práctica ni interesante. También hay treinta y tres estudiantes en la clase y sólo veinticinco computadoras. Es un problema, ¿no? Mi amiga y yo usamos una computadora. Me gusta ir a la escuela, pero hay mucha tarea en esta clase. Soy muy artística y me gusta dibujar. Y… no me gusta la persona que está enfrente de mí en la clase. Ella habla, habla y habla. Es difícil escuchar. Necesito una clase de arte en la primera hora. ¿Hay una clase diferente para mí en la primera hora?

Paulina Escobar

---

1. Paulina está en la clase de arte en la primera hora.   Sí   (No)
2. A Paulina no le gusta trabajar.   Sí   (No)
3. Hay muchos estudiantes en la clase.   (Sí)   No
4. No hay treinta y tres computadoras en la clase.   (Sí)   No
5. Paulina usa una computadora en la clase.   Sí   (No)
6. A Paulina no le gusta ir a la escuela.   Sí   (No)
7. No hay tarea en la clase de la Sra. Chávez.   Sí   (No)
8. Paulina es una chica artística.   (Sí)   No
9. La persona enfrente de Paulina es la amiga de ella.   Sí   (No)
10. Es fácil escuchar en la clase.   Sí   (No)

T18

Realidades Ⓐ

Capítulo 2B

Nombre _____ Hora _____

Fecha _____ **Examen 2B**, Page 5

C. Escribir (__ / __ puntos)

Write four questions you could ask a friend about his or her schedule.

> Your writing will be graded on:
> • how many clearly understandable questions you write.
> • the variety of the questions you write.
> • accurate use of newly learned vocabulary and grammar points.

Modelo ¿ _Qué clase tienes en la primera hora_ ?

Answers will vary.

1. ¿ _____ ?

2. ¿ _____ ?

3. ¿ _____ ?

4. ¿ _____ ?

D. Hablar (__ / __ puntos)

Tell your teacher about five things in your classroom and where each is located.

> Your presentation will be graded on:
> • how many items and locations are accurately described.
> • how easily you are understood.
> • accurate use of newly learned vocabulary and grammar points.

Realidades Ⓐ

Capítulo 2B

Nombre _____ Hora _____

Fecha _____ **Examen 2B**, Page 6

E. Cultura (__ / __ puntos)

List at least three things that you have learned in this chapter about schools in Spanish-speaking countries.

1. _Students will often stand when the teacher enters. Students address_
   their teachers as "maestro" without using their last names.

2. _Teachers may call students by their last names._
   There is a lot of lecturing by the teacher.

3. _Students wear uniforms._
   _____

T19

C. (___/___ *puntos*) Tell what foods and beverages different people eat or drink each day by circling a form of the verb **comer** or **beber**. Follow the model.

Modelo Ellos (**come** / **bebe**) tres manzanas.

1. Usted (**come** / bebe) dos plátanos.
2. Ustedes (**comen** / beben) una ensalada de frutas.
3. Nosotras (comemos / **bebemos**) jugo de naranja.
4. Yo (como / **bebo**) café.
5. Él (**come** / bebe) pizza.
6. Ellas (**comen** / beben) papas fritas.
7. Tú (**comes** / bebes) dos hamburguesas.
8. Ella (come / **bebe**) jugo de manzana.
9. Tú y yo (comemos / **bebemos**) té helado.

EXAMEN DEL CAPÍTULO, 3A

PARTE I: Vocabulario y gramática en uso

A. (___/___ *puntos*) Write the names of each food item in the spaces provided.

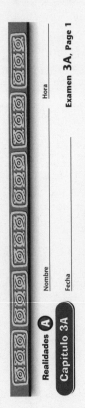

1. **las hamburguesas**

2. **los sándwiches de jamón y queso**

  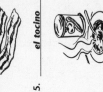

3. **el cereal**

4. **los huevos**

5. **el tocino**

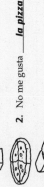

6. **la sopa de verduras**

B. (___/___ *puntos*) Look at the drawings and complete the sentences about the items shown.

1. Me gusta ___ **la leche** ___ .

2. No me gusta ___ **la pizza** ___ .

3. (No) Me gustan ___ **los huevos** ___ .

4. (No) Me encanta ___ **la ensalada** ___ .

5. (No) Me encantan ___ **los perritos calientes** ___ .

T20

Capítulo 3A

Fecha _____ **Examen 3A, Page 3**

PARTE II: Comunicación y cultura

A. Escuchar (___ / ___ puntos)

Listen as students describe what they usually eat and drink for breakfast or lunch. As you hear their descriptions, check off the food items that each person mentions in the appropriate column. The first item for each person is checked off for you. You will hear each set of statements twice.

	Marta	Enrique	Kiki	Orlando
(imagen)	✓			
(imagen)		✓		
(imagen)		✓		✓
(imagen)		✓	✓	
(imagen)	✓			
(imagen)		✓		✓
(imagen)			✓	
(imagen)	✓	✓		
(imagen)				✓
(imagen)			✓	
(imagen)		✓	✓	✓
(imagen)			✓	

Capítulo 3A

Fecha _____ **Examen 3A, Page 4**

B. Leer (___ / ___ puntos)

Help some Spanish-speaking Boy Scouts order lunch. Read the menu, then look at the boys' preferences below. Check off on your answer sheet the lunch items each child would refuse to eat. Three items have been done for you.

· EL ALMUERZO ·

- Hamburguesa
- Hamburguesa con queso
- Sándwich de jamón
- Perrito caliente
- Sándwich de jamón y queso
- Pizza

- Ensalada de frutas
- Sopa de verduras
- Yogur de fresas y plátanos

- Limonada
- Leche
- Jugo de naranja
- Jugo de manzana
- Refresco
- Té helado
- Agua

1. Miguel no come nunca las frutas.
2. A Paco no le gusta comer verduras.
3. A Nacho no le gusta el queso.
4. Ernesto no come nunca la carne.

	Miguel	Paco	Nacho	Ernesto
Hamburguesa				✓
Hamburguesa con queso			✓	✓
Perrito caliente				✓
Sándwich de jamón				✓
Sándwich de jamón y queso			✓	✓
Pizza			✓	
Ensalada de frutas	✓			
Sopa de verduras		✓		
Yogur de fresas y plátanos	✓			
Limonada	✓			
Leche				
Jugo de naranja	✓			
Jugo de manzana	✓			
Refresco				
Té helado				
Agua				

T21

Realidades A
Capítulo 3B

Nombre

Fecha

Hora

Examen 3B, Page 1

EXAMEN DEL CAPÍTULO, 3B

PARTE I: Vocabulario y gramática en uso

A. (___/___ puntos) Look at each drawing. Then, write the name of each food in the line provided. Follow the model.

las uvas	la cebolla
los espaguetis	los pasteles
los guisantes	la mantequilla
el pollo	

Modelo _____el pollo_____

1. _____los guisantes_____

2. _____los espaguetis_____

3. _____la cebolla_____

4. _____las uvas_____

5. _____la mantequilla_____

6. _____los pasteles_____

B. (___/___ puntos) Eduardo is talking about his and his friend Luis's likes and dislikes. Complete his comments by circling the correct form of **ser**.

Luis y yo **1** (**somos**/ eres) amigos. A Luis le gusta comer mucha carne. Cree que la carne **2** (son /**es**) muy sabrosa. Yo creo que la carne y los pescados **3** (**son**/ es) malos. ¿Y tú? ¿**4** (**Eres**/ Somos) una persona que come verduras o te gusta más comer carne? ¿Crees que la carne **5** (**es**/ soy) buena o que **6** (**es**/ son) mala?

Realidades A
Capítulo 3A

Nombre

Fecha

Hora

Examen 3A, Page 5

C. Escribir (___/___ puntos) *Answers will vary.*

Describe at least three breakfast foods or beverages you like and three you dislike. Do the same for your favorite and least favorite lunch food choices. Try to write in complete sentences rather than just making a list.

> **Your writing will be graded on:**
> • how many complete statements you can make about what you like and don't like to eat.
> • how easily your writing is understood and organized.
> • accurate use of newly learned vocabulary and grammar points.

Desayuno: _____

Almuerzo: _____

D. Hablar (___/___ puntos)

What are some things that you eat every day? Is there a food you really love to eat every day? Tell your teacher six or more details about your food preferences and habits.

> **Your presentation will be graded on:**
> • how many statements you offer about your eating habits.
> • how easily you are understood.
> • accurate use of newly learned vocabulary and grammar points.

E. Cultura (___/___ puntos)

Churros are a popular morning snack that you learned about in this chapter. How would you describe them, and where can you go in a Spanish-speaking country to try them?

Churros are like doughnuts, but long and slender. You can either go to

small cafés called churrerías or you can buy them on the street.

_____

T22

Realidades Ⓐ

Capítulo 3B

Nombre _____

Fecha _____

Hora _____

Examen **3B**, Page 2

C. (___/___ puntos) Complete these sentences about foods by writing the correct form of the adjective given.

Modelo (sabroso) Los tomates son ___sabrosos___ .

1. (bueno) Las judías verdes son ___buenas___ .

2. (sabroso) La carne es ___sabrosa___ .

3. (horrible) El pollo es ___horrible___ .

4. (malo) El arroz es ___malo___ .

5. (bueno) Las papas son ___buenas___ .

6. (sabroso) Las zanahorias son ___sabrosas___ .

7. (bueno) Los tomates son ___buenos___ .

8. (horrible) La lechuga es ___horrible___ .

Realidades Ⓐ

Capítulo 3B

Nombre _____

Fecha _____

Hora _____

Examen **3B**, Page 3

PARTE II: Comunicación y cultura

A. Escuchar (___/___ puntos)

Listen to five interviews to find out some teen's habits. Listen for one thing each teen usually does and circle the corresponding picture. You will hear each set of statements twice.

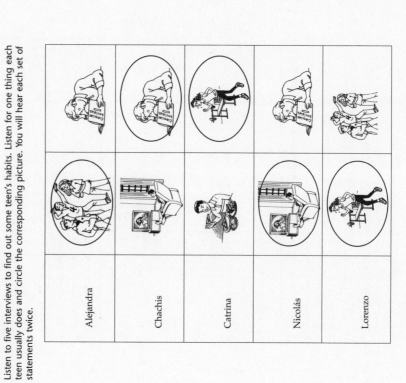

Alejandra

Chachis

Catrina

Nicolás

Lorenzo

T23

Page 5

C. Escribir (__/__ puntos)

List five suggestions for things you believe people should do in order to maintain good health. Try to include a variety of suggestions: healthy food, healthy exercise, and healthy habits.

> Your writing will be graded on:
> - completion of the task.
> - the variety of suggestions you make.
> - accurate use of newly learned vocabulary and grammar points.

Para mantener la buena salud, una persona:

1. _debe comer muchas frutas_
2. _Answers will vary._
3. _____
4. _____
5. _____
6. _____

D. Hablar (__/__ puntos)

Tell your teacher what kinds of food people should eat to maintain good health. What kind of exercise should they do? What should they NOT do?

> Your presentation will be graded on:
> - completion of the task.
> - the variety of suggestions you make.
> - accurate use of newly learned vocabulary and grammar points.

E. Cultura (__/__ puntos)

Based on this chapter, describe what yerbabuena is.

Yerbabuena comes from the mint plant and is used to treat stomachaches.

What area of South America is helping drug companies find new cures for diseases?

the Amazon rain forest

Page 4

B. Leer (__/__ puntos)

Read the comments below and decide whether each person has a healthy or unhealthy lifestyle. Mark your decision for each person with a check mark in the grid that follows. The first one has been done for you.

Chico gracioso: ¿Qué hago yo? Yo corro una hora todos los días. En el desayuno, como cereal, yogur, huevos y un jugo.

Chica sociable: Yo hago mucho también. Todos los días me gusta jugar videojuegos y leo las revistas enfrente de la tele.

Chica estudiosa: En realidad, no hago mucho. Leo muchos libros de salud. Como muchas comidas todos los días: helado de chocolate, helado de vainilla, helado de fresas.

Chico atrevido: Yo corro también. En el gimnasio levanto pesas. Bebo cinco vasos de jugo al día porque necesito vitamina C.

Chica reservada: No tengo mucha hambre. No como nada. En el almuerzo bebo un desayuno. Bebo café en el refresco con unas galletas o un pastel.

	BUENO para la salud...	MALO para la salud...
1. Chico gracioso	✓	
2. Chica sociable		✓
3. Chica estudiosa		✓
4. Chico atrevido	✓	
5. Chica reservada		✓

T25

Realidades **A**

Nombre _____ Hora _____

Capítulo 4A

Fecha _____ Examen **4A**, Page 1

EXAMEN DEL CAPÍTULO, 4A

PARTE I: Vocabulario y gramática en uso

A. (___ / ___ puntos) Everyone has plans for the week. Using the pictures to help you, write where your friends and family will be. Use the model as a guide.

Modelo   El lunes yo voy al ___centro comercial___ .

1. El lunes Juan y tú van a la ___biblioteca___ .

2. El martes Pedro va al ___restaurante___ .

3. El miércoles mi familia y yo vamos al ___centro comercial___ .

4. El jueves tú vas a la ___lección de piano___ .

5. El viernes Geraldo y Claudia van al ___café___ .

6. El sábado Mariana va a la ___piscina___ .

7. El domingo Anita y Lucita van al ___parque___ .

Realidades **A**

Nombre _____ Hora _____

Capítulo 4A

Fecha _____ Examen **4A**, Page 2

B. (___ / ___ puntos) You overheard part of your friend's telephone conversation. Complete the questions you think she is answering. Use a word or phrase from the word bank below. Follow the model.

Con quiénes	Cómo
Por qué	Cuándo
Qué	Adónde
De dónde	

Modelo   —¿ _De dónde_ eres?
—Soy de San Antonio, Texas.

1. —¿ ___Cómo___ estás?
—Bien, gracias.

2. —¿ ___Qué___ haces después de las clases?
—Voy a la biblioteca.

3. —¿ ___Por qué___ vas allí?
—Porque necesito estudiar.

4. —¿ ___Adónde___ vas después de ir a la biblioteca?
—Al gimnasio.

5. —¿ ___Con quiénes___ vas al gimnasio?
—Con Carmen y Lola.

6. —¿ ___Cuándo___ vas a casa?
—A las seis.

C. (___ / ___ puntos) Mario's family is heading out for the day. Complete his comments with forms of the verb **ir** to say where they are all going.

Bueno, hoy es sábado. ¿Adónde **1** ___va___ mi familia hoy? Martín, tú

2 ___vas___ a la biblioteca, ¿no? Marcos y María **3** ___van___ al cine.

¡Qué bien! Mamá y papá, ustedes **4** ___van___ al centro comercial para ir de

compras, ¿verdad? ¿Y yo? Bueno, yo no **5** ___voy___ al centro comercial.

Pero mi amiga Margarita y yo **6** ___vamos___ al gimnasio a las tres. Ella

7 ___va___ al gimnasio todos los días.

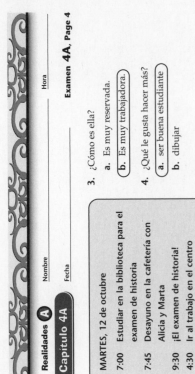

MARTES, 12 de octubre

7:00 Estudiar en la biblioteca para el examen de historia

7:45 Desayuno en la cafetería con Alicia y Marta

9:30 ¡El examen de historia!

4:30 Ir al trabajo en el centro comercial

7:00 Practicar el piano

8:00 Organizar mi carpeta de argollas

3. ¿Cómo es ella?
   a. Es muy reservada.
   b. Es muy trabajadora.

4. ¿Qué le gusta hacer más?
   a. ser buena estudiante
   b. dibujar

MARTES, 12 de octubre

7:00 Caminar con Andrés a la escuela

7:30 Estudiar con Franco en la biblioteca

12:00 Almuerzo con Mauricio

4:00 Clase de baile con Sara y Alejandra

6:30 Ir al restaurante con Enrique

8:30 Hablar por teléfono con Carlos

5. ¿Cómo es ella?
   a. Es muy reservada.
   b. Es muy sociable.

6. ¿Qué le gusta hacer más?
   a. pasar tiempo con amigos
   b. escribir cuentos

PARTE II: Comunicación y cultura

A. Escuchar (___/___ puntos)

Listen as these teens invite a friend to do something. At first, each friend declines the invitation. However, after asking a question, each decides to accept the invitation after all. Decide whether each person changed his or her mind because of *who* was going, *when* the event was taking place, *where* the event was taking place, or *why* the event was taking place. Then, place a check mark in the appropriate column on the grid. You will hear each conversation twice.

	Who	When	Where	Why
Gabriel	✓			
Susi		✓		
Javier	✓			
Ana			✓	
Nacho				✓

B. Leer (___/___ puntos)

Based on the planner entries below and on page 38, can you figure out what type of people these are? After reading each planner, circle the correct answer to the questions.

MARTES, 12 de octubre

6:00 Caminar con Elena en el parque

7:30 Desayuno en el restaurante

     Mariposa con el Club de tenis

5:00 Levantar pesas con Miguel

7:00 Correr con Juan

8:00 Hablar con Susi

8:30 Ir al gimnasio

1. ¿Cómo es él?
   a. Es muy reservado.
   b. Es muy deportista.

2. ¿Qué le gusta hacer más?
   a. hacer ejercicio
   b. comer mucho

Realidades Ⓐ

Nombre _____ Hora _____

Capítulo 4B Fecha _____

EXAMEN DEL CAPÍTULO, 4B

PARTE I: Vocabulario y gramática en uso

A. (___ / ___ *puntos*) Tell at what time these people are going to do different activities. Follow the model.

Modelo 7:00 A.M. Voy a ir a la escuela _____*a las siete de la mañana*_____.

1. 9:00 A.M. Muchos estudiantes van a la piscina _____*a las nueve de la mañana*_____.

2. 11:30 A.M. Mis amigos y yo vamos a comer _____*a las once y media de la mañana*_____.

3. 2:30 P.M. Mi amigo Felipe va al gimnasio _____*a las dos y media de la tarde*_____.

B. (___ / ___ *puntos*) Fill in the blanks with a word or phrase that you could use to invite friends to go to do something. Follow the model.

Modelo ¿ _____*Quieres*_____ ir conmigo al centro comercial esta tarde?

1. ¿ _____*Quieres*_____ ir al restaurante conmigo esta tarde?

2. ¿ _____*Quieres*_____ ir a la biblioteca conmigo esta noche?

3. ¿ _____*Quieres*_____ ir al cine esta noche?

Students can also use "Te gustaría" or "Puedes."

C. (___ / ___ *puntos*) Tomás wants to find someone to go to the dance with. How do different girls respond to his invitation? Circle the logical word or words in each girl's response.

TOMÁS: ¡Oye! ¿Quieres ir conmigo al baile mañana?

LAURA: ¡Ay! ¡Qué **1** (**pena** / tengo)! Me gustaría pero **2** (**tengo que** / conmigo) trabajar.

PATI: ¡Lo **3** (**siento** / oye)! Estoy demasiado **4** (pena / **ocupada**). Necesito trabajar y estudiar para un examen importante este fin de semana.

ANA: Tomás, me gustaría ir **5** (genial / **contigo**) al baile pero no **6** (**siento** / puedo) porque estoy **7** (contigo / **enferma**). Me duele la cabeza y el estómago también.

RAQUEL: ¡Qué buena idea! ¿A **8** (**qué hora es** / puedo) el baile—a las siete o a las ocho?

Realidades Ⓐ

Nombre _____ Hora _____

Capítulo 4A Fecha _____

C. Escribir (___ / ___ *puntos*)

Write a note saying what you will be doing after school today. Mention at least three different places you will go and at what time. Try to describe what you will be doing at the different locations. For example, you might write that you're going to the gym to lift weights at 4:00: **Voy al gimnasio para levantar pesas.**

> Your note will be graded on:
> - the variety of places and activities you mention.
> - how many details you provide.
> - accurate use of newly learned vocabulary and grammar points.

Answers will vary.

_____

_____

D. Hablar (___ / ___ *puntos*)

Tell your teacher what your plans are for this weekend. Mention at least two places you plan to go on Saturday or Sunday. Tell who you are going with and when you are going. You could begin by saying, **El sábado, voy . . . .**

> Your presentation will be graded on:
> - how much information you provide.
> - how well you are understood.
> - accurate use of newly learned vocabulary and grammar points.

E. Cultura (___ / ___ *puntos*)

Choose one of the following recreational activities played in Mexico: **(a)** playing jump rope, **(b)** choosing sides for a game, **(c)** hopping over a board. How is the activity similar to or different from how children play in the United States?

Answers will vary but differences should revolve around the wording of songs and chants.

_____

_____

T27

Realidades Ⓐ

Nombre _____

Hora _____

Capítulo 4B

Fecha _____

Examen **4B**, Page 3

PARTE II: Comunicación y cultura

A. Escuchar (__ / __ puntos)

Víctor has several messages on his answering machine from friends asking if he can go somewhere this Saturday. Listen to each message to find out what time the friend wants to go. You will see a check mark in the column that corresponds to the place. Write the time underneath the check mark. You will hear each set of statements twice.

	Centro comercial	Café Caliente	Jugar al tenis	Cine	Concierto de Toni Tela
Esteban		✓ 7:00 P.M.			
Angélica				✓ 5:30 P.M.	
Pablo	✓ 3:00 P.M.				
Mónica			✓		✓ 7:30 P.M.
Lorena			10:00 A.M.		

Realidades Ⓐ

Nombre _____

Hora _____

Capítulo 4B

Fecha _____

Examen **4B**, Page 2

D. (__ / __ puntos) Write the correct form of the verb **jugar** in the blanks.

1. Tú y yo ___*jugamos*___ al tenis.

2. Ustedes ___*juegan*___ al básquetbol.

3. Yo ___*juego*___ al golf.

Then, write the name of the sport these people play.

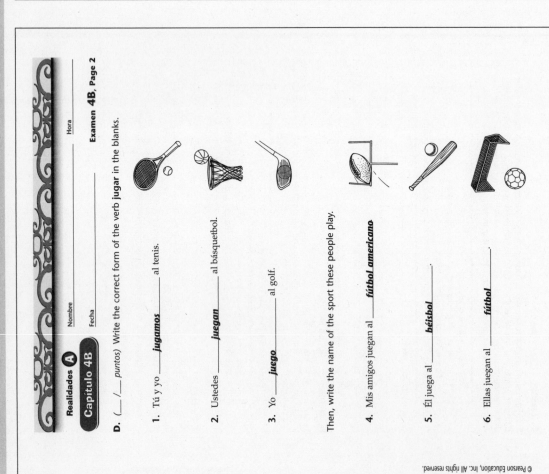

4. Mis amigos juegan al ___*fútbol americano*___ .

5. Él juega al ___*béisbol*___ .

6. Ellas juegan al ___*fútbol*___ .

Realidades A

Capítulo 4B

Nombre _____

Fecha _____ Hora _____

B. Leer (___/___ *puntos*)

The Spanish Club sponsor wants to know how many students are coming to tonight's club party. She asks the students to write a note to let her know if they are coming. Read each note.

> *Lo siento. Tengo que trabajar esta noche en el restaurante de mi familia. Luego necesito estudiar para un examen de ciencias sociales. ¡Qué penal Me encantan las fiestas, pero es importante estudiar.*
>
> *Victoria*

> *Estoy muy ocupada esta noche. Tengo que escribir un cuento para mi clase de inglés. Me gustaría ir a las actividades del club, pero no puedo esta noche. Tengo demasiada tarea hoy.*
>
> *Sara*

> *¿Tengo que hablar español en la fiesta? No puedo hablar bien y soy demasiado reservado. También estoy un poco enfermo. Es mi estómago. Pero... ¿hay mucha comida para la fiesta—pasteles, helado, refrescos? Claro que sí. Voy a la fiesta.*
>
> *Marco*

> *¡Geniall Una fiesta de mi club favorito con mi profesora favorita y con los estudiantes de mi clase favorita. Me gusta practicar español cuando puedo. ¡Nos vemos, señora!*
>
> *Guillermo*

Answer the questions by circling the letter of the best response.

1. ¿Cuántos van a la fiesta del club en total?
   (a.) dos   b. tres

2. ¿A quién le gusta hablar español con la profesora y con los estudiantes de la clase?
   a. a Sara   (b.) a Guillermo

3. ¿Quiénes tienen que hacer algo para una clase mañana?
   a. Sara y Marco   (b.) Sara y Victoria

4. ¿A quién le gusta comer mucho?
   a. a Sara   (b.) a Marco

5. ¿Quién va a estudiar después de trabajar?
   a. Guillermo   (b.) Victoria

Realidades A

Capítulo 4B

Nombre _____

Fecha _____ Hora _____

C. Escribir (___/___ *puntos*)

In complete sentences, list three different things you are going to do for fun this week. Use your imagination and the vocabulary you have learned so far!

> Your writing will be graded on:
> • how many upcoming activities you describe.
> • the variety of vocabulary you use.
> • accurate use of newly learned vocabulary and grammar points.

Answers will vary.

_____

_____

_____

D. Hablar (___/___ *puntos*)

Invite your teacher to do a particular activity with you. (Use the drawings for ideas!) Be prepared to respond to your teacher's questions.

> Your conversation will be graded on:
> • how well you interact with your teacher.
> • how many understandable answers you provide to your teacher.
> • accurate use of newly learned vocabulary and grammar points.

This page intentionally left blank.

E. Cultura (____/____ puntos)

What do kids your age and their friends do after school and on the weekends in Spanish-speaking countries? How might these activities be different from what you do now? Write three sentences.

1. *Answers will vary. Students in Spanish-speaking countries would*

    not have as many activities tied directly to school.

2. *There are few athletic teams at school.*

3. *Students would be more likely to join an athletic club after*

    school rather than getting a job.

T30

EXAMEN CUMULATIVO I

PARTE I. Vocabulario y gramática en uso

A. (____/____ puntos) Some friends are talking about activities and where people do them. Match the sentences with answers that make sense. Circle the correct choice.

1. Me gustan las películas.
   - **a.** Voy al cine.
   - **b.** Voy a las montañas.

2. No me gusta nadar.
   - a. Voy a la biblioteca.
   - **b.** No voy a la piscina.

3. Me gusta la comida mexicana.
   - a. Voy a un concierto.
   - **b.** Voy al restaurante.

4. Me gusta esquiar.
   - **a.** Voy a las montañas.
   - b. Voy al centro comercial.

5. Me gusta ir de compras.
   - **a.** Voy al centro comercial.
   - b. Voy al campo.

6. No me gusta levantar pesas.
   - **a.** No voy al gimnasio.
   - b. No voy a la piscina.

7. Me gusta escuchar música.
   - a. Voy al cine.
   - **b.** Voy a un concierto.

8. Me gusta correr.
   - **a.** Voy al parque.
   - b. Voy a la biblioteca.

9. Me gustan los libros.
   - a. Voy al restaurante.
   - **b.** Voy a la biblioteca.

10. No me gusta la ciudad.
    - **a.** Voy al campo.
    - b. No voy a la piscina.

B. (____/____ puntos) Complete the sentences about foods and physical activities using the correct form of the verb **ser.**

1. Los tomates _____ ***son*** _____ sabrosos.
2. El pescado _____ ***es*** _____ bueno.
3. El vóleibol _____ ***es*** _____ divertido.
4. Las actividades físicas _____ ***son*** _____ buenas.
5. Las grasas _____ ***son*** _____ malas.

Now, complete the following sentences using the correct form of the adjectives in parentheses.

6. (sabroso)   La leche es _____ ***sabrosa*** _____ .
7. (bueno)   El desayuno es _____ ***bueno*** _____ .
8. (horrible)   Los pasteles son _____ ***horribles*** _____ .
9. (malo)   Los videojuegos son _____ ***malos*** _____ .
10. (bueno)   La sopa de verduras es _____ ***buena*** _____ .

C. (____/____ puntos) Complete the following conversation between Adriana and Elena with the correct form of the verb **estar.**

ADRIANA: ¡Hola, Elena! ¿Dónde 1 _____ ***estás*** _____ ?

ELENA: **2** _____ ***Estoy*** _____ aquí en la sala de clase. Tengo mucha tarea.
   Pero, ¿dónde **3** _____ ***está*** _____ mi libro?

ADRIANA: ¡Ay, no! ¡Los libros **4** _____ ***están*** _____ aquí, en mi mochila!

ELENA: ¡Qué pena!

ADRIANA: Oye, mamá y yo **5** _____ ***estamos*** _____ en ruta a la escuela.

ELENA: ¡Muchas gracias! Espero en la sala 112.

ADRIANA: Muy bien. ¡Nos vemos!

ELENA: ¡Hasta luego!

PARTE II. Comunicación

A. Escuchar (___/___ puntos)

Some friends are talking about the activities that they enjoy. Listen as they talk and check off the activities that each person *likes* to do. You will hear each of them speak in the order in which they are listed on the grid. You will hear each set of statements twice. Three items have been done for you.

	bailar	hablar	escribir cuentos	estudiar	leer	practicar deportes	nadar
1. Susana							
2. Mauricio	✓	✓	✓	✓		✓	
3. Raquel	✓	✓		✓			
4. Paco				✓	✓		
5. Julián				✓	✓		✓

B. Escuchar (___/___ puntos)

Victoria has a lot to do today. Listen as she talks about her plans with her mother. She will mention things that she is going to do and the places she will need to go. Write numbers next to the words below to indicate the order in which she will go to these places. You will hear this conversation twice. The first item has been done for you.

> **2** centro comercial
>
> **5** iglesia
>
> **1** biblioteca
>
> **6** casa
>
> **3** parque
>
> **4** café

D. (___/___ puntos) Gilda is writing in her journal about the things she does during a typical day. Write the correct present tense form of the verb in parentheses for each blank in her entry.

14 de diciembre

Voy a escribir un poco sobre un día típico. Primero, yo 1 **voy** _____ (ir) a la escuela a las siete de la mañana porque 2 **corro** _____ (correr) un poco antes de las clases. A las ocho 3 **tengo** _____ (tener) mi primera clase, la clase de inglés.

4 **Es** _____ (Ser) una clase muy fácil para mí. Después, mi amiga Ana y yo

5 **vamos** _____ (ir) a la clase de español donde 6 **estudiamos** _____ (estudiar) mucho

y 7 **hablamos** _____ (hablar) con nuestros amigos. La profesora Lemaños

8 **enseña** _____ (enseñar) muy bien y 9 **es** _____ (ser) muy inteligente.

Después de la clase, Ana y Federica 10 **van** _____ (ir) a la clase de

educación física, pero yo 11 **como** _____ (comer) el almuerzo. Mis amigos Pablo

y Rafael 12 **comparten** _____ (compartir) sus almuerzos a veces. Los lunes y

miércoles, yo 13 **juego** _____ (jugar) al tenis después de almorzar. A la una,

yo 14 **tengo** _____ (tener) clase otra vez. Las clases 15 **terminan** _____ (terminar)

a las dos y media y Ana y yo 16 **vamos** _____ (ir) a casa para estudiar o ver la tele

un poco. Finalmente, yo 17 **como** _____ (comer) la cena con mi familia, y mis

hermanos y yo 18 **estudiamos** _____ (estudiar) o 19 **practicamos** _____ (practicar) el piano.

A las once, el día 20 **termina** _____ (terminar) y puedo dormir. ¡Buenas noches!

Realidades A

Examen cumulativo I

Nombre _____ Hora _____

Fecha _____ **Examen cumulativo I, Page 5**

C. Leer (____ / ____ puntos)

Read the following postcard from Ángelo to his grandfather. Then, circle **Sí** if the statement you read is correct and **No** if it is incorrect.

Querido abuelo:

Saludos desde Puerto Escondido, México. Me gusta mucho este lugar. Todos los días, yo nado en el mar y juego al vóleibol con mis amigos. Por la tarde, vamos a la ciudad para visitar los lugares interesantes como la iglesia grande y el parque. Hay unos cafés muy buenos aquí, también. Me encanta comer las fresas y las manzanas de aquí—¡son muy sabrosas! Después, mis amigos y yo vamos al cine casi todas las noches. Me encanta el cine mexicano. Pues, nos vemos pronto.

Un abrazo,

Ángelo

1. Ángelo está en Perú.   Sí   (No)
2. Ángelo es deportista.   (Sí)   No
3. Ángelo visita muchos lugares fascinantes.   (Sí)   No
4. A Ángelo no le gusta la fruta.   Sí   (No)
5. A Ángelo le gustan las películas mexicanas.   (Sí)   No

Realidades A

Examen cumulativo I

Nombre _____ Hora _____

Fecha _____ **Examen cumulativo I, Page 6**

D. Escribir (____ / ____ puntos) *Answers will vary.*

You are applying to be a host for a Spanish-speaking exchange student. Fill out the form below about yourself and your interests.

> Your writing will be graded on:
> - completion of the task.
> - variety of vocabulary.
> - accurate use of newly learned vocabulary and grammar points.

Fecha _____

Nombre _____

¿Cuántos años tienes? _____

Escuela _____

Please write a paragraph in Spanish describing your personality, your favorite and least favorite activities, and your school schedule.

Yo soy... _____

Me gusta... _____

No me gusta... _____

Yo tengo muchas clases... _____

T33

This page intentionally left blank.

Realidades (A)

Examen cumulativo I

Nombre _____

Fecha _____

Hora _____

Examen cumulativo I, Page 7

E. Hablar (___/___ puntos)

Your teacher may ask you to speak on one of the following topics:

1. Describe foods that are good to eat for each of the three meals of the day. Then, describe what you typically eat in a day.

2. Describe the items you typically have in your backpack at school and what classes you use them in. Then, talk about the things you see in your classroom.

Your presentation will be graded on:
• how much information you give.
• how well you are organized.
• how easily you are understood.
• accurate use of newly learned vocabulary and grammar points.

T34

This page intentionally left blank.

Alternate Chapter Assessments, Level B

Realidades B

Capítulo 5A

Nombre _____

Fecha _____

Hora _____

Examen **5A**, Page 1

EXAMEN DEL CAPÍTULO, 5A

PARTE I: Vocabulario y gramática en uso

A. (_____ / _____ puntos) Look at the family tree. Then circle the word that best completes each statement.

Luis — Adela

Roberto — Lola — Rosa — Javier

Beatriz Miguel Patricia Luisa Santiago Ignacio Ernestina

1. Luis es (**el abuelo** / el padre) de Patricia.

2. Adela es (la abuela /(**la madre**) de Rosa.

3. Roberto y Lola son (**los padres** /(los tíos)) de Santiago.

4. Roberto es (el primo /(**el esposo**)) de Lola.

5. Rosa es (**la madre**/ la tía) de Ernestina.

6. Santiago, Ignacio y Ernestina son (los abuelos /(**los primos**)) de Luisa.

7. Santiago, Ignacio y Ernestina son (los tíos /(**los hijos**)) de Javier.

8. Ignacio y Ernestina son (los padres /(**los hermanos**)) de Santiago.

B. (_____ / _____ puntos) Complete the sentences below about people's ages by filling in each blank with the correct form of the verb **tener.**

1. La abuela _____ **tiene** _____ 60 años.

2. Ellos _____ **tienen** _____ 63 años.

3. Nosotros _____ **tenemos** _____ 32 años.

4. Mi mamá _____ **tiene** _____ 34 años.

5. Yo _____ **tengo** _____ 12 años.

6. Tú _____ **tienes** _____ 6 años.

Realidades B

Capítulo 5A

Nombre _____

Fecha _____

Hora _____

Examen **5A**, Page 2

C. (_____ / _____ puntos) Fill in the blanks in the sentences below about items at a party with the word indicated by the picture. Remember that some items may be plural!

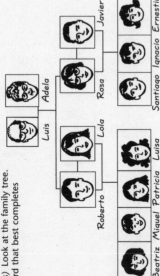

| Modelo | Es _____ *el pastel* _____ de Ud. |

1. Son _____ *las luces* _____ de nosotros.

2. Es _____ *la piñata* _____ de Guillermo.

3. Es _____ *el regalo* _____ de mí.

4. Es _____ *la cámara* _____ de ti.

5. Son _____ *los globos* _____ de la tía Magdalena.

6. Son _____ *los dulces* _____ de ellos.

D. (_____ / _____ puntos) Listed below are the phrases denoting possession from **part C.** Change each one to the correct possessive adjective. Be sure to change masculine to feminine if the word calls for it. Follow the model.

| Modelo | de Ud. _____ *su* _____ |

1. de nosotros _____ *nuestras* _____

2. de Guillermo _____ *su* _____

3. de mí _____ *mi* _____

4. de ti _____ *tu* _____

5. de la tía Magdalena _____ *sus* _____

6. de ellos _____ *sus* _____

Realidades B

Nombre _____   Hora _____

Fecha _____   **Exámen 5A, Page 4**

Capítulo 5A

B. Leer (___ / ___ puntos)

Read the following letter written to advice columnist "Querida Cristina." Then read the response. Finally, read the sentences that follow the letters and circle **Sí** if the statement is correct and **No** if it is incorrect.

Querida Cristina:

Me llamo Diana. Tengo un problema enorme con mi hermana menor. Se llama Loli y ella **siempre** está conmigo. Tiene doce años. ¡Yo soy muy sociable y me gusta estar con mis amigas, pero a mi hermana le gusta estar con nosotras **veinticuatro horas al día, siete días a la semana**! A ella le encanta escuchar nuestras conversaciones privadas y nuestros secretos. Según mis padres, yo no soy paciente y mi hermana es "normal". **¡Ella es normal?** Imposible. ¿Qué debo hacer?

Cordialmente,

Una 'hermana frustrada.

Querida "hermana frustrada":

Estoy de acuerdo con tus padres. Tú y tus amigas no deben hablar de chicos, ni de música, ni de fiestas enfrente de tu hermana. Deben hablar de **matemáticas** o de **ciencias**. ¡Después de cinco minutos, tu hermana va a preferir la tele! También, debes pasar treinta minutos con tu hermana todos los días. Puedes ver la tele, escuchar música o simplemente hablar con ella. Va a ser muy diferente contigo después de una semana, SIN tus amigas.

Atentamente,

Cristina

---

1. Diana es la hermana menor.   **Sí**   **No**

2. A Loli le gusta estar con su hermana siempre.   **Sí**   **No**

3. Diana debe hablar de los chicos delante de Loli.   **Sí**   **No**

4. A Loli le gusta hablar de matemáticas.   **Sí**   **No**

5. Diana debe pasar más tiempo con su hermana menor.   **Sí**   **No**

Realidades B

Nombre _____   Hora _____

Fecha _____   **Exámen 5A, Page 3**

Capítulo 5A

PARTE II: Comunicación y cultura

A. Escuchar (___ / ___ puntos)

You are going to your friend's house for a family birthday party. When you arrive, your friend points out his family members and tells you a little about each of them. Look at the picture as you listen to his descriptions. Write the number of each sentence in the circle next to the family member being described. You will hear each set of statements twice. The first one has been done for you.

Now, circle the correct answer below.

9. ¿Quién celebra su cumpleaños?   a. Andrés   b. (Kiki)

10. ¿Cómo se llama el perro?   a. (Chachis)   b. Luisa

Realidades **B**

Capítulo 5B

Nombre

Fecha

Hora

Examen **5B**, Page 1

EXAMEN DEL CAPÍTULO, 5B

PARTE I: Vocabulario y gramática en uso

A. (___/___ *puntos*) Complete the descriptions of the people shown by circling the correct word in parentheses.

1. Las mujeres (**son** / están) viejas.

2. Los jóvenes (son / **están**) contentos.

3. Los estudiantes (son / **están**) tristes.

4. El hombre (es / **está**) ocupado.

5. Los primos son (joven / **jóvenes**).

6. El joven es (**alto** / alta).

7. La mujer es (bajo / **baja**).

8. La chica está (enfermo / **enferma**).

Realidades **B**

Capítulo 5A

Nombre

Fecha

Hora

Examen **5A**, Page 5

C. Escribir (___/___ *puntos*) *Answers will vary.*

You want to plan a fun birthday party at a Mexican restaurant for your cousin. Tell the people at the restaurant the following things:

Your cousin's name: _____

Your cousin's age: _____

What your cousin likes: _____

What your cousin does not like: _____

What your cousin loves: _____

Your cousin's personality: _____

> Your writing will be graded on:
> * how many personal characteristics you include.
> * how many likes and dislikes you mention.
> * accurate use of new vocabulary and grammar points.

D. Hablar (___/___ *puntos*)

Describe one member of your family. Tell: (a) how he or she is related to you; (b) his or her age; (c) what he or she likes to do; and (d) his or her personality.

> Your presentation will be graded on:
> * the accuracy of describing your family member's relationship to you.
> * how much information you give about your family member.

E. Cultura (___/___ *puntos*)

List three things that you would expect to find at a Hispanic 15th birthday celebration.

1.   *formal dinner and dance*

2.   *extended family celebrating, NOT just friends*

3.   *a ritual such as a first dance with the father*

T38

B. (___ / ___ *puntos*) Fill in the blanks with the correct form of the verb faltar to say what things are missing. Use the art as a guide. Follow the model.

Modelo   A mí   *me*   *faltan*   los platos.

1. A mí **me** *falta* ____ el tenedor.

2. A ti **te** *falta* ____ el azúcar.

3. A ti **te** *falta* ____ la servilleta.

4. A mí **me** *faltan* ____ la sal y la pimienta.

5. A ti **te** *faltan* ____ las cucharas.

C. (___ / ___ *puntos*) Complete the following conversation with forms of the verb **venir**.

LIDIA: Oye, Roque, vamos a tener una fiesta. Marcos, Cecilia, Esteban y muchos otros *vienen* ____ . ¿ *Vienes* ____ tú?

ROQUE: ¡Claro que yo *vengo* ____ a la fiesta!

LIDIA: A ver... ¿cuántas personas *vienen* ____ a la fiesta? Rodrigo, Susana... Emilio... en fin, somos catorce personas.

D. (___ / ___ *puntos*) Complete this conversation with forms of the verb **traer**.

ROQUE: ¿ *Traigo* ____ yo un pastel?

LIDIA: ¡Qué buena idea! Tú *traes* ____ el pastel. ¡Gracias!

ROQUE: Sí, y Emilio *trae* ____ sándwiches como siempre.

LIDIA: ¡Vamos a comer muy bien!

PARTE II: Comunicación y cultura

A. Escuchar (___ / ___ *puntos*)

Listen to the complaints the receptionist at the Hotel Duquesa receives about room service. Determine the problem by choosing from one of the options given. If you think both are correct, then circle the word **both**. You will hear each set of statements twice.

Name	Problem
1. el Sr. Robles	(a) the silverware is missing
	(b) the order was not delivered at the correct time
	(c) both
2. la Sra. Martín	(a) something is wrong with the food order
	(b) the silverware is missing
	(c) both
3. la Srta. Muñoz	(a) some condiments are missing
	(b) there are no napkins
	(c) both
4. el señor	(a) something is wrong with the food order
	(b) the order was not delivered at the correct time
	(c) both
5. el Sr. Lenis	(a) something is wrong with the food order
	(b) the order was not delivered at the correct time
	(c) both

C. Escribir (__/__ puntos)

As an officer in the Spanish Club, you are helping organize "La Cena Internacional," which is tomorrow night. Write sentences about five classmates who are coming to the dinner and at what time and what kind of food each person is bringing. Do not use the same food more than once.

Your writing will be graded on:
- completion of the writing task.
- the variety of vocabulary used.
- accurate use of newly learned vocabulary and grammar points.

Modelo   *David viene a las cinco. Trae los espaguetis.*

1. **Answers will vary.** _____

2. _____

3. _____

4. _____

5. _____

D. Hablar (__/__ puntos)

Think of two of your friends or relatives. Describe the physical characteristics of each person, including height, hair color and length, and his or her approximate age.

Your descriptions will be graded on:
- fluency—speaking with little hesitation.
- completion of the task.
- pronunciation.

E. Cultura (__/__ puntos)

What have you learned about Mexican mealtimes? Explain the differences between mealtimes in Mexico and in the U.S.

Mealtimes would be much longer than the typical American "fast meal." There is a lot more conversation at the table ("sobremesa"). You wouldn't suggest a quick meal on the way to a movie or other event, since grabbing food on the go is not customary in Mexico.

B. Leer (__/__ puntos)

Read the letter that Rosario's cousin from Mexico wrote about her upcoming trip to Santa Fe. After reading her letter, complete the statements by circling the correct phrase.

Hola Rosario:

¡En una semana voy a estar contigo en Santa Fe! ¡Qué divertido! Me encanta la idea de visitar a mi familia en los Estados Unidos.

Tengo mucho interés en practicar mi inglés contigo y con tus amigos. Estudio mucho inglés en clase, pero me gustaría tener una conversación de verdad. ¿Qué hablan las personas en Santa Fe? ¿Inglés o español? Mi madre dice que tus abuelos hablan en español y tus padres hablan en inglés. ¿Es verdad?

Santa Fe es una ciudad muy artística, ¿verdad? Hay un museo de la artista americana Georgia O'Keeffe en Santa Fe. Me encanta su arte. Ella dibuja flores muy grandes. Son fantásticas. ¿Vamos al museo?

Gracias por el menú del Fandango. No me gustan los garbanzos, pero me encanta la sopa de arroz. Yo como mucho pollo aquí en México; me gustaría comer chile con carne y queso. ¿Hay chocolate mexicano en Santa Fe? ¡Qué bueno!

Nos vemos en siete días.

Tu prima,

Alicia

1. Cuando está en Santa Fe, Alicia quiere _____.
   a. hablar inglés   b. dibujar

2. Los abuelos de Rosario hablan en _____.
   a. inglés   **b. español**

3. La artista americana dibuja _____.
   a. familias   **b. flores**

4. Cuando Alicia está en Santa Fe, quiere comer _____.
   a. chile con carne y queso   b. garbanzos con chile

5. Alicia va a Santa Fe _____.
   a. mañana   **b. en una semana**

B. (___/___ *puntos*) Write a complete sentence telling which of the items in each group is the head of the category, in your opinion. Follow the model.

| Modelo | la alfombra / el video / el libro   (posesión / grande) |

La alfombra es la posesión más grande.

Possible answers:

1. la cama / el video / el cuadro   (cosa / práctica)

   La cama es la cosa más práctica.

2. el armario / el cuadro / el libro   (cosa / bonita)

   El cuadro es la cosa más bonita.

3. el televisor / el lector DVD / el despertador   (posesión / importante)

   El despertador es la posesión más importante.

4. el video / el disco compacto / la revista   (posesión / interesante)

   La revista es la posesión más interesante.

C. (___/___ *puntos*) Carmen is showing Marilena around her new house. Complete her comments by circling the correct forms of the verbs **poder** and **dormir**.

Aquí estamos en mi dormitorio. Mis padres **1** (puede /(duermen)) en el dormitorio de la izquierda y mi hermanita **2** (puedes /(duerme)) en el dormitorio de la derecha. Todos nosotros **3** (puedo /(dormimos)) muy bien. ¿**4** (Puedo /(Duermes)) en tu propio dormitorio también? Me gusta tener mi propio dormitorio, porque entonces yo **5** ((puedo)/ duermes) leer hasta muy tarde. Mi hermanita no **6** ((puede)/ dormimos) dormir si hay luz. Es bueno tener dos dormitorios, porque así nosotras **7** ((podemos)/ duermo) leer o dormir cuando queremos.

EXAMEN DEL CAPÍTULO, 6A

PARTE I: Vocabulario y gramática en uso

A. (___/___ *puntos*) Write the names of the items in the corresponding spaces. Then use **más** or **menos** to complete the sentences comparing each pair of items below. Follow the model.

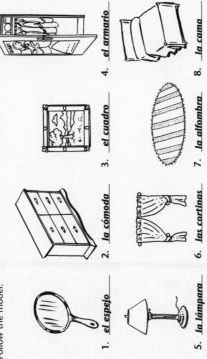

1. *el espejo*
2. *la cómoda*
3. *el cuadro*
4. *el armario*
5. *la lámpara*
6. *las cortinas*
7. *la alfombra*
8. *la cama*
9. *el despertador*
10. *la mesita*

| Modelo | La lámpara es _*más*_ grande que el cuadro. |

1. La cómoda es __*más*__ grande que el espejo.
2. El cuadro es __*menos*__ grande que el armario.
3. El despertador es __*menos*__ grande que la mesita.
4. Las cortinas son __*menos*__ grandes que la cama.

T41

Realidades B

Nombre _____

Hora _____

Capítulo 6A

Fecha _____

Examen 6A, Page 4

B. Leer (__/__ puntos)

A recent magazine article claims that the colors of the walls in a bedroom should match the personality of the person who lives there. Read the article and then answer the "interior decorator" questions that follow by circling the correct answer.

¿Es importante el color de la pared? Según un estudio de la Universidad Nacional, es MUY importante. A las personas sociables les gustan los dormitorios con paredes amarillas. El amarillo es un color muy popular para las personas a quienes les gusta hablar por teléfono. ¿Qué color para los jóvenes estudiosos? El color anaranjado es mejor. Una persona puede concentrarse y estudiar mejor con las paredes anaranjadas. ¿Para quién es un dormitorio con paredes azules? El color azul es para las personas que lo necesitan todo tranquilo y calmado. Es el mejor color para las personas que no duermen bien. El color morado es mejor para las personas misteriosas. Es difícil comprender a las "personas moradas". Un día están contentas, pero otro día están muy tristes. Pueden ser sentimentales y prácticas al mismo tiempo. Las personas románticas prefieren las paredes rosadas. Pueden escribir poemas románticos y les gusta leer novelas románticas. A las personas deportistas les gusta un dormitorio marrón. Es otro color de la naturaleza.

¿Cuál es el color perfecto para...

1. una mujer a quien le gusta hablar y que tiene muchas amigas?
(morado /(amarillo))

2. una joven a quien le gusta estudiar en su dormitorio? ((anaranjado)/ verde)

3. un hombre que no puede dormir bien?
(verde /(azul))

4. un joven que puede ser gracioso y serio al mismo tiempo? ((morado)/ azul)

5. una joven que cree que el Día de San Valentín es el mejor día del año?
(negro /(rosado))

6. una joven a quien le gusta practicar muchos deportes? (amarillo /(marrón))

Realidades B

Nombre _____

Hora _____

Capítulo 6A

Fecha _____

Examen 6A, Page 3

PARTE II: Comunicación y cultura

A. Escuchar (__/__ puntos)

You will be spending a month in a Spanish Immersion Camp next summer. You go to their Web site to find out what the accommodations are like. As you listen to the audio descriptions, determine which items are provided and which items you would have to bring with you. Fill in the grid below by writing a check mark in the appropriate column. You will hear each set of statements twice.

	No tengo que traer...	Tengo que traer...
	✓	
	✓	
	✓	
	✓	
		✓
		✓
	✓	
		✓

Realidades B

Capítulo 6A

Nombre _____

Fecha _____

Hora _____

Examen **6A**, Page 6

D. Hablar (__/__ puntos)

Tell your teacher about the size and color of your room, the things that are on the wall, the things you have in your room, whether you share your room, what you're able to do in your room, etc.

> Your presentation will be graded on:
> - how much detail you provide in your answers.
> - your conversational interaction (responses to comments and questions) with your teacher.

E. Cultura (__/__ puntos)

What is a luminaria?

A candle or flashlight set into a small decorative paper bag weighted with sand

and placed in a row with others along a walkway or rooftop as decoration.

Write two sentences about the history behind these decorations.

1. *Villagers along the Rio Grande used to build bonfires to light and warm*

   their way to church on Christmas Eve.

2. *The paper bags were introduced by traders in the 1820s.*

Realidades B

Capítulo 6A

Nombre _____

Fecha _____

Hora _____

Examen **6A**, Page 5

C. Escribir (__/__ puntos)

Choose a sibling's bedroom or a bedroom from a TV show that you know well. You will write a summary of how that bedroom is similar to or different from your bedroom. First, organize your thoughts in the chart below. Then, write at least four comparisons or contrasts below the chart.

> Your work will be graded on:
> - completion of the chart.
> - how many comparisons and contrasts you include.
> - accurate use of newly learned vocabulary and grammar points.

	Mi dormitorio	Su dormitorio	Los dos dormitorios
Color			
Size			
Furniture			
Things on the wall			

Answers will vary.

Realidades **B**

Nombn

Hora

Capítulo 6B

Fecha

Examen **6B**, Page 2

B. (___ / ___ *puntos*) Look at the drawings below. Then, complete the sentence using forms of the present progressive tense. Follow the model.

Modelo   Uds. _____ *están lavando* _____ el coche.

1.   Nosotros **estamos sacando** _____ la basura.

2.   Tú **estás lavando** _____ los platos.

3.   Uds. **están limpiando** _____ el baño.

C. (___ / ___ *puntos*) Sra. Mendoza has left a list of household chores for each of her children. Look at the list and then write her requests, using **tú** command forms.

Los quehaceres para hoy		
Alberto:	(cortar)	**corta**	el césped.
	(cocinar)	**cocina**	el almuerzo
Enrique:	(hacer)	**haz**	las camas,
	(pasar)	**pasa**	la aspiradora en la sala
Marta:	(poner)	**pon**	la mesa,
	(quitar)	**quita**	el polvo

74   Alternate Assessment ■ *Examen del capítulo, 6B*

Realidades **B**

Nombn

Hora

Capítulo 6B

Fecha

Examen **6B**, Page 1

EXAMEN DEL CAPÍTULO, 6B

PARTE I: Vocabulario y gramática en uso

A. (___ / ___ *puntos*) Look at the drawing of the house. Then, list the three rooms on the first floor and the three rooms on the second floor in the spaces provided.

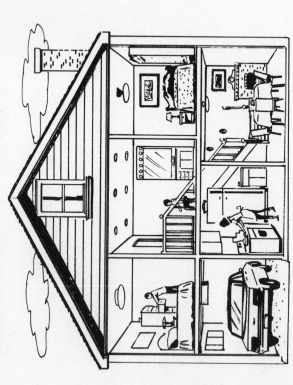

La planta baja:

_____ **el garaje** _____   _____ **la cocina** _____   _____ **el comedor** _____

El primer piso:

_____ **el dormitorio** _____   _____ **el baño** _____   _____ **el otro dormitorio** _____

Alternate Assessment ■ *Examen del capítulo, 6B*   **73**

B. Leer (___ / ___ *puntos*)

Some of your family's friends are moving to Spain for a year and ask you to help them find the perfect house while they are there. Each has told you what type of house he or she wants. Read the ads below and write the number of the ad that best matches each person's preferences.

A __2__   B __3__   C __1__

#1	#2	#3
Maravilloso para una persona que trabaja en casa. Tiene un despacho al lado del dormitorio. Está muy cerca de la biblioteca pública. Tiene un piso con un dormitorio y una cocina grande. Si le gusta nadar, hay una piscina al lado.	Este lugar (*This place*) fantástico de dos pisos es ideal para una persona a quien le gusta vivir bien. Hay un café muy famoso muy cerca. Si le gusta leer, la ventana principal es perfecta. Puede ver el parque perfectamente desde allí. Hay dos dormitorios y una cocina pequeña.	¿Tiene Ud. muchos amigos a quienes les gusta visitar? Este lugar es perfecto para Ud. Para las fiestas hay una sala muy grande y dos baños. Hay un cine muy cerca.

PARTE II: Comunicación y cultura

A. Escuchar (___ / ___ *puntos*)

Listen as these inventive teens give reasons for not doing what their moms have asked them to do. In the grid on your answer sheet, place a check mark in the column that has a picture of the chore that the teen is asked to do. You will hear each conversation twice.

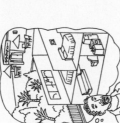

Los quehaceres					
Jorge	✓				
Susi		✓			
Paco			✓		
Clara				✓	
Miguel					✓
José	✓				

Now, name three chores in Spanish that the teens in this activity were asked to do.

Answers will include 3 of the following:

1. ___*limpiar el baño, pasar la aspiradora, dar de comer al perro,*___

2. ___*lavar el coche, hacer la cama, sacar la basura*___

3. _____

T45

T46

Page 5 (left panel)

C. Escribir (__ / __ puntos)

What do people need to do to keep their homes clean? Write at least four sentences.

> Your writing will be graded on:
> • the number of chores you include.
> • accurate spelling and accurate use of newly learned vocabulary and grammar points.

Las personas deben...

Answers will vary.

_____

_____

_____

_____

D. Hablar (__ / __ puntos)

Tell your teacher what your favorite and least favorite household chores are. You should mention at least five chores, and whether you like or dislike doing them. Give reasons why you feel the way you do about your chores. You could begin by saying something like, Me gusta dar de comer al perro porque...

> Your presentation will be graded on:
> • how many chores you describe.
> • the variety of vocabulary used.
> • fluency (speaking without much hesitation) and pronunciation.

Page 6 (right panel)

E. Cultura (__ / __ puntos)

List three characteristics of a typical house in a Spanish-speaking country.

1. ____ *A tall wall or barrier would protect the house from onlookers.*

2. ____ *The rooms inside would open up into a central patio.*

3. ____ *The front windows may contain bars.*

How do houses in your neighborhood compare with a typical house in a Spanish-speaking country?

Answers will vary.

_____

_____

_____

EXAMEN DEL CAPÍTULO, 7A

PARTE I: Vocabulario y gramática en uso

A. (___ / ___ puntos) You are standing outside this store window with a friend, pointing out the items of clothing and discussing how much they cost. Complete the sentences by writing out the numbers indicated to tell how much the items cost. Follow the model.

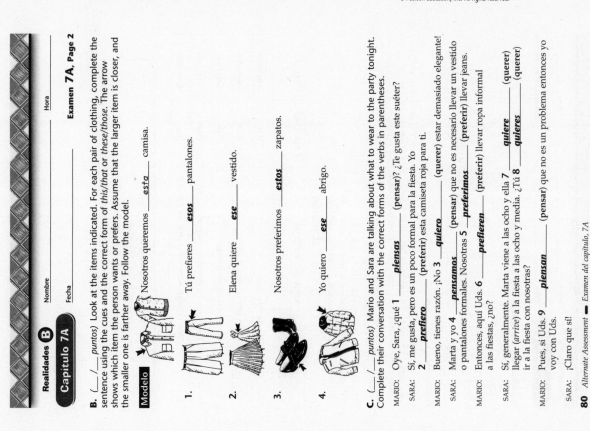

Modelo ($15) Esa camisa cuesta _____quince_____ dólares.

1. ($35) Esos pantalones cuestan ___**treinta y cinco**___ dólares.

2. ($200) Ese traje cuesta ___**doscientos**___ dólares.

3. ($80) Esas botas cuestan ___**ochenta**___ dólares.

4. ($50) Ese vestido cuesta ___**cincuenta**___ dólares.

5. ($18) Esa blusa cuesta ___**dieciocho**___ dólares.

6. ($25) Esa falda cuesta ___**veinticinco**___ dólares.

B. (___ / ___ puntos) Look at the items indicated. For each pair of clothing, complete the sentence using the cues and the correct form of *this/that* or *these/those*. The arrow shows which item the person wants or prefers. Assume that the larger item is closer, and the smaller one is farther away. Follow the model.

Modelo Nosotros queremos _____*esta*_____ camisa.

1. Tú prefieres ___*esos*___ pantalones.

2. Elena quiere ___*ese*___ vestido.

3. Nosotros preferimos ___*estos*___ zapatos.

4. Yo quiero ___*ese*___ abrigo.

C. (___ / ___ puntos) Mario and Sara are talking about what to wear to the party tonight. Complete their conversation with the correct forms of the verbs in parentheses.

MARIO: Oye, Sara, ¿qué 1 ___*piensas*___ (pensar)? ¿Te gusta este suéter?

SARA: Sí, me gusta, pero es un poco formal para la fiesta. Yo 2 ___*prefiero*___ (preferir) esta camiseta roja para ti.

MARIO: Bueno, tienes razón. ¡No 3 ___*quiero*___ (querer) estar demasiado elegante!

SARA: Marta y yo 4 ___*pensamos*___ (pensar) que no es necesario llevar un vestido o pantalones formales. Nosotras 5 ___*preferimos*___ (preferir) llevar jeans.

MARIO: Entonces, aquí Uds. 6 ___*prefieren*___ (preferir) llevar ropa informal a las fiestas, ¿no?

SARA: Sí, generalmente. Marta viene a las ocho y ella 7 ___*quiere*___ (querer) llegar (*arrive*) a la fiesta a las ocho y media. ¿Tú 8 ___*quieres*___ (querer) ir a la fiesta con nosotras?

MARIO: Pues, si Uds. 9 ___*piensan*___ (pensar) que no es un problema entonces yo voy con Uds.

SARA: ¡Claro que sí!

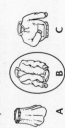

A   B   C   D   E   F   G   H   I

Now, circle the items that were NOT in the order.

C. Escribir (___/___ puntos)

On the Internet you find an online catalog service from Mexico. You think it would be fun to order Christmas gifts for your friends and family from this Web site. Complete the form to order the following gifts. Some have been filled in for you.

1. One red coat, size small
2. One pair of black boots, size large
3. Three pairs of gray socks, size large
4. One baseball cap, yellow and black, size small
5. Two shirts, one blue and one white, size large

EL PEDIDO

	ARTÍCULO Y COLOR	CANTIDAD	TALLA
Modelo	Una blusa blanca / una blusa azul	Dos	Grandes
1.	Un abrigo rojo	Uno	Pequeña
2.	Unas botas negras	Uno	Grandes
3.	Unos calcetines grises	Tres	Grandes
4.	Una gorra amarilla y negra	Uno	Pequeña
5.	Una camisa azul/Una camisa blanca	Dos	Grandes

Your writing will be graded on:
- accurate completion of the list.
- correct agreement of nouns and adjectives.

PARTE II: Comunicación y cultura

A. Escuchar (___/___ puntos)

Listen as people explain to a clerk in a department store why they are returning or exchanging items they received as gifts. Identify what they are returning (**la ropa**) and write in the name of the item in the grid below. You will hear each conversation twice.

	La ropa
1	**blusa**
2	**zapatos**
3	**sudadera**
4	**chaqueta**
5	**pantalones**

B. Leer (___/___ puntos)

Read the clothing orders below. Then, answer the questions that follow by writing **C** for cierto and **F** for **falso**.

LOS PEDIDOS (THE ORDERS)

Descripción del artículo	Talla (size)	Cantidad (quantity)	Color	Precio
suéter	grande	uno	gris	trescientos pesos
sudadera	pequeña	dos	roja/azul	cuatrocientos pesos
traje de baño	grande	uno	amarillo	trescientos cincuenta pesos
vestido	extra grande	uno	negro	quinientos pesos
calcetines	pequeños	dos	blancos	ciento cincuenta pesos
falda	extra pequeña	tres	negra/roja/gris	setecientos pesos

¿Cierto o falso?

1. Probablemente todos los artículos en este pedido son para un hombre. _____ **F**
2. Una falda cuesta más que un vestido. _____ **C**
3. La persona que quiere la falda es más pequeña que la persona que quiere el vestido. _____ **C**
4. Probablemente los calcetines son para un chico. _____ **F**
5. Toda la ropa es para la misma persona. _____ **F**
6. Probablemente el suéter y las sudaderas son para la misma persona. _____ **F**

EXAMEN DEL CAPÍTULO, 7B

PARTE I: Vocabulario y gramática en uso

A. (___ / ___ *puntos*) Look at the drawings below. Write the name of the item shown to complete the sentences telling what people bought yesterday. Follow the model.

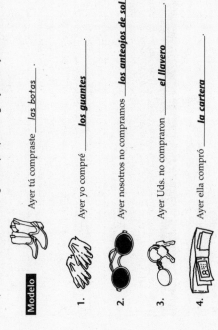

Modelo   Ayer tú compraste ___*las botas*___ .

1.   Ayer yo compré ___**los guantes**___

2.   Ayer nosotros no compramos ___**los anteojos de sol**___

3.   Ayer Uds. no compraron ___**el llavero**___

4.   Ayer ella compró ___**la cartera**___

5.   Ayer ellos no compraron ___**la corbata**___

B. (___ / ___ *puntos*) Now, read the sentences you completed for **Part A**, and replace the name of the item shown with the correct direct object pronoun. Follow the model.

Modelo   Tú ___*las*___ compraste.

1.   Ayer yo ___**los**___ compré.

2.   Ayer nosotros no ___**los**___ compramos.

3.   Ayer Uds. no ___**lo**___ compraron.

4.   Ayer ella ___**la**___ compró.

5.   Ayer ellos no ___**la**___ compraron.

D. Hablar (___ / ___ *puntos*)

Imagine you are going clothes shopping tonight. Describe at least three items you will buy. You should mention the type of clothing, the color, the size, and the estimated cost of each item. Start by saying **Voy a comprar...** .

> Your presentation will be graded on:
> - how many clothing items you accurately describe.
> - how much information you give about each clothing item.
> - accurate use of newly learned vocabulary and grammar points.

E. Cultura (___ / ___ *puntos*)

Explain what a mola is, how it is made, and what the colorful designs represent.

*Molas are bright-colored fabric art, originating from the Kuna Indians.*

*They are made by piecing together layers of cloth to create a design.*

*Designs represent aspects of nature and animals.*

C. (___/___ puntos) Look at the items shown. Then, circle the correct form of the verb to say what the people did with these items yesterday.

1. Luisa (**compró** / compramos) unos aretes.

2. Yo (buscó / **busqué**) un anillo.

3. Nosotros (escuché / **escuchamos**) discos compactos.

4. Yo (**jugué** / jugaron) al tenis.

5. Sebastián (sacamos / **sacó**) fotos.

PARTE II: Comunicación y cultura

A. Escuchar (___/___ puntos)

Listen as people discuss the presents they bought for Cristina's **quinceañera** celebration in Mexico City. As you listen, identify how much each gift cost. On the grid below, write the price (in numbers) that the person paid for the gift. You will hear each set of statements twice. The first one has been done for you.

¿Cuánto pagó por el regalo?	300	250	700	130	160

B. Leer (___/___ puntos)

While surfing on the Internet, you see the home page of two online stores. Read their promotions and answer the questions below by circling the appropriate letter.

TIENDA GALERÍAS

¿Buscan Uds. ropa deportiva? Este mes todos nuestros clientes reciben como regalo una gorra de béisbol cuando compran una chaqueta deportiva. Cuando compran una chaqueta y una sudadera con pantalones cortos, reciben también unos calcetines de su color favorito. Tenemos un descuento del 20% en los anteojos de sol y las carteras. ¡Gracias por comprar en nuestra tienda!

TIENDA FILINA

¿Busca Ud. algo especial para una fiesta? Este mes tenemos vestidos elegantes para combinar (*to combine*) con zapatos fabulosos y bolsos maravillosos. Todos nuestros clientes reciben un descuento del 10% por todo. Si compra Ud. unos aretes en el mes de noviembre o diciembre, va a recibir una botella de nuestro perfume nuevo, "Medianoche". Tenemos todo para su noche especial.

1. Probablemente, la Tienda Galerías es una tienda para
   a. las personas talentosas   b. las personas intelectuales   **c.** las personas deportivas

2. ¿Qué tienes que comprar para recibir de regalo una gorra de béisbol?
   a. una cartera   **b.** una chaqueta deportiva   c. unos anteojos de sol

3. Probablemente, la Tienda Filina es una tienda para
   a. las mujeres   b. los hombres   c. las personas deportistas

4. Hay un descuento por todo en
   a. la Tienda Galerías   **b.** la Tienda Filina   c. las dos tiendas

5. ¿Qué tienes que comprar para recibir de regalo un perfume?
   a. un vestido   b. unos zapatos   **c.** unos aretes

Realidades B

Capítulo 7B

Nombre _____

Hora _____

Fecha _____ **Examen 7B, Page 5**

E. Cultura (___/___ *puntos*)

You meet the Chilean exchange student at the mall at 4:00 P.M. You're surprised to find out that he told his family he would be back home by 5:00 P.M. Based on what you have learned in this chapter, what would explain why he thought he could be back home in an hour?

Answers will vary but should lead to the importance of eating

dinner together as a family.

_____

_____

_____

Realidades B

Capítulo 7B

Nombre _____

Hora _____

Fecha _____ **Examen 7B, Page 4**

C. Escribir (___/___ *puntos*)

How did you spend your money during the past few months? In a brief paragraph, describe at least two new clothing items or accessories you bought. Also mention where you bought them and how much you paid for them.

> Your paragraph will be graded on:
> • completion of the assigned task.
> • how many details you provide about clothing or accessories.
> • accurate spelling and accurate use of newly learned vocabulary and grammar points.

Answers will vary.

_____

_____

_____

D. Hablar (___/___ *puntos*)

Tell your teacher about a gift you recently bought for someone. Mention for whom you bought it, where you bought it, and how much you paid for it.

> Your presentation will be graded on:
> • how much detail you provide.
> • accurate use of newly learned vocabulary and grammar points.

EXAMEN DEL CAPÍTULO, 8A

PARTE I: Vocabulario y gramática en uso

A. (___/___ *puntos*) Say where the people indicated went during their vacations by circling the correct preterite forms of the verb *ir*.

1. Mi familia y yo (**fuimos** / fue) al zoológico.

2. Miguel (**fue** / fuimos) al parque de diversiones.

3. Mis amigos (**fueron** / fue) al parque nacional Yellowstone.

4. Tú (**fuiste** / fui) al museo.

5. Yo (**fui** / fuiste) al teatro.

B. (___/___ *puntos*) Complete the sentences by indicating the activities each person learned how to do, using the pictures provided.

1. Nina y su hermana aprendieron a _**bucear**_ en el mar.

2. Yo aprendí a _**montar a caballo**_ en un parque nacional.

3. Rebeca aprendió a _**pasear en bote**_ en un lago.

4. Tú aprendiste a _**sacar fotos**_ de monumentos.

5. Ud. aprendió a _**esquiar**_ en las montañas.

C. (___/___ *puntos*) Say what the people in the drawing did yesterday, using the verbs given.

1. (descansar) La chica con la bicicleta _**descansó**_.

2. (jugar) Los tres amigos _**jugaron**_ al fútbol.

3. (comer) Los pájaros _**comieron**_ el pan.

4. (pasear) El hombre y la mujer _**pasearon**_ en bote.

5. (correr) La joven y los dos jóvenes _**corrieron**_.

D. (___/___ *puntos*) Laura just got back from her vacation. Fill in the blanks with the personal **a**, *if needed*, to tell about the people, animals, and things she saw.

1. Laura vio _**a**_ un actor famoso.

2. Vio _____ unos monos en el zoológico.

3. Vio _____ un monumento grande en el centro de la ciudad.

4. Vio _**a**_ dos amigos de Los Ángeles.

5. Vio _**a**_ unas personas que tocan en una banda de música rock.

PARTE II: Comunicación y cultura

A. Escuchar (___ / ___ puntos)

Listen as people talk about their most recent vacation site. Then, circle the name of the person that went on that vacation. You will hear each set of statements twice.

LUGAR	NOMBRE
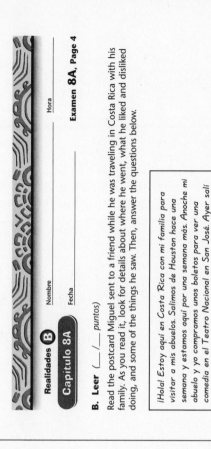	(Elena / Sara)
	(Rodrigo / Carlos)
	(Alejandro / Carlos)
	(Elena / Sara)
	(Alejandro / Rodrigo)

B. Leer (___ / ___ puntos)

Read the postcard Miguel sent to a friend while he was traveling in Costa Rica with his family. As you read it, look for details about where he went, what he liked and disliked doing, and some of the things he saw. Then, answer the questions below.

¡Hola! Estoy aquí en Costa Rica con mi familia para visitar a mis abuelos. Salimos de Houston hace una semana y estamos aquí por una semana más. Anoche mi abuelo y yo compramos unos boletos para ver una comedia en el Teatro Nacional en San José. Ayer salí de la ciudad a las seis de la mañana para montar a caballo por las montañas. Vi un lago magnífico y un volcán activo. No me gustó mi caballo porque no corrió mucho. Pero el parque nacional fue muy impresionante.

Chao,
Miguel

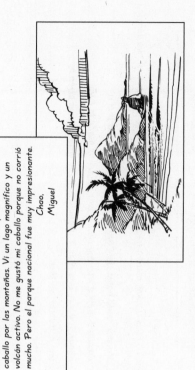

Answer the following questions by circling the letter of the best response.

1. ¿Por qué fueron Miguel y su familia a Costa Rica?
   a. para montar a caballo   **b.** para visitar a los abuelos

2. ¿De dónde es Miguel?
   a. de San José   **b.** de Houston

3. ¿Por cuánto tiempo va a viajar su familia por Costa Rica?
   a. dos semanas   b. diez días

4. ¿Quiénes fueron al teatro?
   a. toda la familia   **b.** Miguel y su abuelo

Realidades B

Nombre _____

Hora _____

Capítulo 8A

Fecha _____

Examen **8A**, Page 6

D. Hablar (___/___ puntos)

Tell your teacher about your best vacation. Begin your presentation by telling where you went. Also mention activities you did and things you saw. You can talk about your ideal vacation if you prefer.

> Your presentation will be graded on:
> - pronunciation and fluency (your ability to speak without much hesitation).
> - accurate use of new vocabulary and the preterite tense.

E. Cultura (___/___ puntos)

Based on this chapter, name a traditional Mexican handicraft. Write at least two things about this popular art form.

Student could name the "Ojo de Dios." Mention that it is a

diamond-shaped weaving that it was originally made in Peru

about 300 B.C., and that it symbolized good wishes when given by

one person to another.

_____

_____

Realidades B

Nombre _____

Hora _____

Capítulo 8A

Fecha _____

Examen **8A**, Page 5

5. ¿Cómo vio Miguel las montañas y el lago?

a. en avión   **(b.)** a caballo

6. ¿Qué no le gustó a Miguel?

(a.) el caballo   b. el hotel

C. Escribir (___/___ puntos)

Use your imagination and choose an animal to be a character for a short children's tale about the animal and its travels. Give the animal a name, such as **Óscar Oso**, and write as much detail as you can. Include the following: where the animal went, what it did, what it saw, and what it ate during the trip.

> Your tale will be graded on:
> - the amount of detail included in the narrative.
> - completion of all four story elements.
> - accurate use of vocabulary and the past tense.

Answers will vary.

_____

_____

_____

_____

_____

_____

_____

EXAMEN DEL CAPÍTULO, 8B

PARTE I: Vocabulario y gramática en uso

A. (___ / ___ puntos) Students are collecting recyclables and taking them to their local recycling center. Match the words below to the objects pictured.

periódicos	latas	cajas	vidrio	plástico	botellas

1. Vamos a llevar estas _____**latas**_____ al centro de reciclaje.

2. Debemos llevar los _____**periódicos**_____ también.

3. Vamos a poner el _____**vidrio**_____ aquí.

4. Aquí tengo unas _____**botellas**_____ en la bolsa.

5. Es importante también separar las _____**cajas**_____ de cartón.

6. Tenemos que llevar el _____**plástico**_____ y eso es todo.

B. (___ / ___ puntos) Some people are telling others of the importance of doing volunteer work in their community. Fill in the blanks with the correct indirect object pronoun. Follow the model.

Modelo Mi padre ____*le*____ dice a mi hermana que es importante reciclar.

1. Mi profesora de ciencias ___*me*___ dice a mí que es necesario recoger la basura de las calles.

2. Tú ___*le*___ dices a tu novio que quieres ayudar a los demás.

3. Yo ___*les*___ digo a mis padres que debemos dar nuestros juguetes a los niños pobres.

4. Mi mamá ___*les*___ dice a sus amigas que trabajar con ancianos es una experiencia inolvidable.

5. Nosotros ___*le*___ decimos al presidente que es importante ayudar a los demás.

6. Los profesores ___*te*___ dicen a ti que debes decidir cómo puedes ayudar.

7. Yo ___*le*___ digo a la clase que es necesario hacer trabajo voluntario.

C. (___ / ___ puntos) Mauricio is talking about his experiences working as a volunteer. Complete his story by circling the correct preterite forms of the verbs **hacer** or **dar.**

Me gusta trabajar como voluntario. El año pasado, yo 1 (hizo / (hice)) unos proyectos de construcción para la comunidad. Una vez, mis amigos y yo 2 ((hicimos) / hizo) trabajo voluntario en un centro de reciclaje de un barrio pobre. Varias personas de la comunidad nos 3 (dio / (dieron)) mucha ayuda con el proyecto. Un supermercado nos 4 (di / (dio)) unas cajas para separar el vidrio, el plástico, el cartón y el papel. Mi familia también 5 ((hizo) / hicimos) otro trabajo voluntario. Nosotros 6 (hice / (hicimos)) un jardín público para la comunidad. Un amigo nos 7 (di / (dio)) unas plantas para el jardín y todos trabajamos para plantarlas.

T55

C. Escribir (___/___ *puntos*)

Write six commands to a person who wants to help his or her community. For example, you might begin with **Recicla...** or **Recoge....**

Your writing will be graded on:
• how many suggestions you give.
• completion of the task.
• the variety of vocabulary you use.
• accurate use of newly learned vocabulary and grammar points.

Answers will vary.

1. _____

2. _____

3. _____

4. _____

5. _____

6. _____

D. Hablar (___/___ *puntos*)

Tell your teacher about some things that people can do as volunteer work. Mention at least five things.

Your interview will be graded on:
• the amount of information about volunteer work given.
• pronunciation and fluency.

PARTE II: Comunicación y cultura

A. Escuchar (___/___ *puntos*)

Listen as people report the service projects they did last week. Identify what each person did. Then, write the number of the person on the line next to the corresponding activity. You will hear each set of statements twice.

__2__ (a) helped older people

__3__ (b) worked on a recycling project

__5__ (c) worked as a volunteer in a hospital

__1__ (d) worked as a volunteer in a school

__4__ (e) worked on a construction project

B. Leer (___/___ *puntos*)

Read the report that was submitted to the members of the Spanish Club describing what members contributed to various organizations and individuals. Then, circle what each member donated. Follow the model.

> **El Club de Español**
> *Informe*
> *presentado por Juana Esquivel, el ocho de noviembre*
>
> **Modelo** Julia les dio unas lecciones de piano a dos niños en una escuela primaria. (**lessons**)/ **food**)
>
> 1. Alejandro, Luis y Marco hicieron un escritorio y un estante. Se los dieron a un estudiante pobre. (**clothing** / **furniture**)
>
> 2. Marta y Susana decidieron dar lecciones de baile a las niñas de quinto grado de la escuela que queda cerca de nosotros. (**lessons** / **cash**)
>
> 3. Javier les dio diez camisetas a los chicos del hospital. (**clothing** / **food**)
>
> 4. Miguel, Clara, Eva, Jaime y Mario les dieron guantes y abrigos a los hijos de una familia muy grande de nuestra comunidad. (**cash** / **clothing**)
>
> 5. Luz dio veinte dólares al hospital para un programa especial para los niños. (**lessons** / **cash**)
>
> 6. Patricio les dio veinte comidas de arroz con pollo a los ancianos del Centro del Mar. (**food**)/ **lessons**)
>
> 7. Elisa y su padre hicieron una cómoda para una casa hecha por voluntarios. (**clothing** / **furniture**)
>
> 8. Roberto le dio unas lecciones de guitarra a un niño de la comunidad. (**lessons** / **cash**)
>
> 9. Sara cocinó diez pasteles para los ancianos. (**cash** / **food**)

T56

Realidades B

Capítulo 8B

Nombre _____

Hora _____

Fecha _____

Examen 8B, Page 5

E. Cultura (___/___ puntos)

As you have read in this chapter, teens in many Spanish-speaking countries are often involved in their communities as volunteers. Do they seem to be involved in the same or different causes as teens in the U.S.? How is their involvement similar or different?

In many private schools in Spanish-speaking countries, students are

encouraged to do two or three hours of community service per week.

Environmental causes are often important to students, as in the U.S.

Students in both countries are interested in recycling.

_____

_____

_____

_____

This page intentionally left blank.

T57

EXAMEN DEL CAPÍTULO, 9A

PARTE I: Vocabulario y gramática en uso

A. (___/___ puntos) Look at the movie posters and write what kind of movie is represented.

1. _____ *una película policíaca*

2. _____ *una película romántica*

3. _____ *una película de horror*

4. _____ *una comedia*

5. _____ *una película de ciencia ficción*

B. (___/___ puntos) Look at the drawings and complete the sentences saying what the people shown just finished doing. Follow the model.

Modelo Ella _____ *acaba de* _____ esquiar.

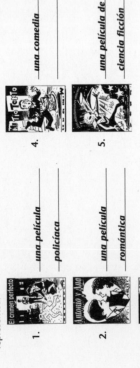

1. Ud. _____ *acaba de* _____ ver la tele.

2. Tú _____ *acabas de* _____ reciclar.

---

3. Nosotros _____ *acabamos de* _____ jugar al básquetbol.

4. Ellas _____ *acaban de* _____ ir al cine.

5. Yo _____ *acabo de* _____ lavar el coche.

C. (___/___ puntos) Several students are talking about the television shows they watch. Complete the sentences describing their reactions. Follow the model.

Modelo (interesar) A Gilda _____ *le interesan* _____ los programas educativos.

1. (encantar) A Lidia y a mí _____ *nos encantan* _____ los programas educativos.

2. (interesar) A Beatriz y a ti _____ *les interesa* _____ el programa musical "Sábado gigante".

3. (aburrir) A mí _____ *me aburren* _____ los programas de la vida real.

4. (encantar) A ti _____ *te encanta* _____ el programa de entrevistas.

5. (gustar) A Roberto y a Adela no _____ *les gustan* _____ las noticias.

6. (gustar) A Ud. no _____ *le gusta* _____ la telenovela "Hospital Central".

7. (aburrir) A ti _____ *te aburre* _____ el programa de dibujos animados "Tikitrín".

8. (encantar) A Javier _____ *le encantan* _____ los programas deportivos.

9. (interesar) A Lana _____ *le interesa* _____ el programa de entrevistas.

Realidades B

Nombre _____ Hora _____

Capítulo 9A Fecha _____ **Examen 9A, Page 4**

C. Escribir (___/___ puntos) *Answers will vary.*

Write about the last movie you saw. Mention the name of the movie, the type of movie, and what you liked or disliked about it. Give as many details as you can.

Your writing will be graded on:

- how much information you provide to support your opinion of the movie.
- accurate spelling and accurate use of newly learned vocabulary.
- the variety of expressions and vocabulary you use.

Name of movie: _____

Type of movie: _____

Details: _____

_____

_____

_____

_____

D. Hablar (___/___ puntos)

Tell your teacher about something you just saw on TV or at the movies and express your opinion about it. Then, ask if your teacher saw the same thing and what he or she thought about it.

Your conversation will be graded on:

- how much information you provide to support the opinion of the movie or TV program.
- your ability to sustain a natural conversation with additional questions and comments.
- pronunciation and fluency.

Realidades B

Nombre _____ Hora _____

Capítulo 9A Fecha _____ **Examen 9A, Page 3**

PARTE II: Comunicación y cultura

A. Escuchar (___/___ puntos)

Listen as people tell their opinions about the TV programs they have watched. Circle the word that corresponds to each person's opinion. You will hear each set of statements twice.

1. (interesting)/ violent)	2. (childish)/ boring)	3. (boring)/ interesting)
4. (childish /(violent)	5. (interesting)/ violent)	6. (childish /(boring)

B. Leer (___/___ puntos)

Read a review of the new season's television programs written by the famous critic, Óscar Orozco. Look for details that show whether the reviewer likes or dislikes a particular show. Then, answer the questions below by circling the letter of the best response.

> ¡Nos dicen que este año tenemos los mejores programas de TV! ¿Los mejores? No estoy de acuerdo. Unos son buenos y otros son horribles. Dime la verdad. ¿Necesitamos otro programa de la vida real? ¡NO! Estos programas tontos son para las personas que no tienen nada que hacer. Acabo de ver el nuevo programa de entrevistas, "Julio". ¡Qué asco! Es horrible. En su primer programa, Julio habló con actores famosos sobre ideas políticas o económicas. ¡Uf! ¡Qué aburrido! Es más interesante hablar de mi gato.
>
> Debe hablar sobre sus películas nuevas. Pero hay un programa que empezó en octubre, "El monstruo y yo", que es un programa de ciencia ficción. Cada semana trae una aventura diferente. Anoche, los personajes fueron a buscar un anillo a otro planeta. Fue fascinante. Me gustaría ver más programas como éste. Es de muy buena calidad.

1. Según Óscar, ¿quiénes ven los programas de la vida real?
   (a.) las personas que no tienen mucho que hacer b. los deportistas

2. ¿Sobre qué habla Julio con los actores en su programa?
   (a.) el presidente de los Estados Unidos b. sus películas

3. ¿Qué clase de programas le aburren a Óscar?
   (a.) los programas de entrevistas b. los programas de ciencia ficción

4. ¿Cuál es el mejor programa este año?
   a. el programa de entrevistas (b.) el programa de ciencia ficción

5. ¿Cuántos de los programas nuevos le gustan a Óscar?
   (a.) uno de los tres b. tres

EXAMEN DEL CAPÍTULO, 9B

PARTE I: Vocabulario y gramática en uso

A. (___/___ *puntos*) Read the sentences below. Pay attention to the verbs because they indicate what each person is doing on the computer. Fill in the blanks with the correct missing vocabulary word.

diapositivas	composición	sitio Web
información	canción	tarjeta
salón	gráfico	correo

1. Miguel está creando ____*diapositivas*____, usando fotos y dibujos, para su presentación.

2. Ana tiene que escribir una ____*composición*____ para su clase de inglés.

3. Rafael está navegando en la Red. Está buscando un ____*sitio*____ ____*Web*____ sobre los problemas ecológicos en México.

4. Marta acaba de bajar ____*información*____ que va a usar en su presentación sobre unos artistas sudamericanos.

5. Carmen va a grabar una ____*canción*____ en un disco compacto.

6. Yolanda le va a enviar una ____*tarjeta*____ de cumpleaños a su mejor amiga.

7. Ricardo va a visitar un ____*salón*____ de chat para conocer a personas de otros lugares.

8. Joaquín está haciendo un ____*gráfico*____ para representar para qué usan más sus amigos la computadora.

9. La abuela de Lola le está escribiendo por ____*correo*____ electrónico para decirle que viene a visitarla en un mes.

E. Cultura (___/___ *puntos*)

Look at each of the drawings depicting gestures used in Spanish-speaking countries. Choose three drawings and write what they mean in English.

1. ____*a lot of people*____

2. ____*Time to eat!*____

3. ____*I don't know.*____

4. ____*a little bit*____

5. ____*Delicious!*____

PARTE II: Comunicación y cultura

A. Escuchar (___/___ puntos)

In the school cafeteria, you overhear conversations in which students are expressing their opinions about computers. As they talk, listen for the reason *why* each person either likes or dislikes using the computer. Write the number of the person speaking beneath the picture that illustrates the reason for his or her opinion. You will hear each set of statements twice.

B. Leer (___/___ puntos)

Read what two girls in an online chat room say about their relationship with their parents. Do they have similar problems? Look at the statements on page 99 and circle **cierto** if it is true and **falso** if it is false.

Tigre: Mis padres viven en el pasado. Ellos piensan que las personas en los salones de chat son malas. Mi madre no comprende que los salones de chat son para mí como los teléfonos o las cartas son para ella.

Pajarito: Yo lo comprendo completamente. Mis padres no comprenden que es más divertido hablar con muchos amigos al mismo tiempo en los salones de chat. También es una oportunidad de conocer a otras personas.

Tigre: Estoy de acuerdo. Yo conocí a una joven a quien le gusta jugar al básquetbol, como a mí. Ella vive en otra ciudad, pero me gusta hablar con ella sobre sus partidos.

Pajarito: Exactamente. Con los salones de chat, podemos hablar con otros sobre las cosas que nos interesan. Yo vivo en una ciudad MUY pequeña. Gracias a los salones de chat, es como vivir en una ciudad grandísima. Anoche hablé con un chico a quien le gusta grabar discos compactos. Voy a enviarle mi disco compacto favorito y él me va enviar su disco compacto favorito.

Tigre: Mi padre dice que las computadoras son buenas para bajar información para mis clases, pero no para hablar con amigos. Él me dice que en SU casa, la computadora es para los estudios, no para las fiestas.

Pajarito: Mucho gusto en conocerte, Tigre.

Tigre: El gusto es mío, Pajarito.

B. (___/___ *puntos*) Complete these sentences telling what the first person asks for, and what the second person serves instead. Use forms of **pedir** and **servir** in the blanks.

1. Yo _**pido**_ uvas pero tú me sirves helado.

2. Ud. _**pide**_ un sándwich pero nosotros le servimos huevos.

3. Nosotros pedimos una ensalada de frutas pero Uds. nos _**sirven**_ pastel.

4. Tú pides cereal pero yo te _**sirvo**_ tocino.

C. (___/___ *puntos*) Look at the list of people, places, and activities below. Would you use **saber** or **conocer** for each one? Circle the correct response.

¿Persona, lugar o actividad?

1. grabar un disco compacto (**saber** / conocer)
2. usar una cámara digital (**saber** / conocer)
3. un amigo de Bill Gates (saber / **conocer**)
4. Seattle y Vancouver (saber / **conocer**)
5. escribir por correo electrónico (**saber** / conocer)
6. el parque nacional Yosemite (saber / **conocer**)
7. un actor famoso (saber / **conocer**)
8. navegar en la Red (**saber** / conocer)
9. mi dirección electrónica (**saber** / conocer)

Realidades B

Nombre _____

Hora _____

Capítulo 9B

Fecha _____

Examen 9B, Page 5

D. Hablar (__/__ *puntos*)

Talk to your teacher about the following with as many examples and details as you can give:

• why a computer with Internet access is a good investment for a family
• why a computer with Internet access is good for high school students at home

Your presentation will be graded on:
• your ability to address both points with details and examples.
• accurate use of newly acquired technology vocabulary.
• fluency and pronunciation.

E. Cultura (__/__ *puntos*)

Based on what you know from this chapter, why would having a home computer be considered a luxury for many Spanish-speaking teenagers? Explain how going to a cybercafé can be an inexpensive and fun alternative.

Some private homes don't even have telephones, much less computers. To

own a computer and have an Internet connection can be very expensive.

Students can meet friends, work on school assignments, and access e-mail.

_____

_____

_____

Realidades B

Nombre _____

Hora _____

Capítulo 9B

Fecha _____

Examen 9B, Page 4

1. Los padres de "Tigre" son muy modernos. (Cierto / Falso)

2. Los padres de "Tigre" piensan que en los salones de chat hay mucha gente buena. (Cierto / Falso)

3. A "Pajarito" no le gusta hablar con muchas personas al mismo tiempo. (Cierto / Falso)

4. A "Tigre" le gusta conocer a jóvenes que juegan al básquetbol. (Cierto / Falso)

5. "Pajarito" vive en una ciudad bastante grande. (Cierto / Falso)

6. Según el padre de "Tigre", las computadoras son buenas para una fiesta. (Cierto / Falso)

C. Escribir (__/__ *puntos*)

Write about (a) three things you do on the Internet or your computer and (b) what you like about using the Internet/computer.

Your profile will be graded on:
• the number of statements about your use of the computer/Internet and the accuracy of those statements.
• the number of statements about what you like about the Internet/computers and the accuracy of those statements.
• the use of vocabulary related to the computer/Internet.

Answers will vary.

_____

_____

_____

_____

_____

Page 1

EXAMEN CUMULATIVO II

PARTE I. Vocabulario y gramática en uso

A. (____/____ puntos) Alejandro is writing a letter to Pablo, his friend from Spanish class. Circle the correct preterite verb in parentheses to complete the letter.

Querido Pablo:

Hoy yo **1** (pasamos /**pasé**) todo el día en la Ciudad de México. Primero **2** (**visité**) / visitaste) las iglesias grandísimas y después **3** (**fui**) / fueron) al parque central, que se llama el Zócalo. Allí **4** (comimos /**comí**) el almuerzo con mi amigo Paco y después nosotros **5** (**fuimos**) / fuiste) al parque zoológico. Nosotros **6** (**vimos**) / vieron) los monos y muchos otros animales.

Por la tarde, Ramona, Edgar y yo **7** (visité /**visitamos**) un barrio bonito de la ciudad, con muchas tiendas y restaurantes, que se llama la Zona Rosa. Yo **8** (compraste /**compré**) unas tarjetas postales en una tienda pequeña y ellos **9** (**fueron**) / fui) a las zapaterías famosas de la ciudad. Después nosotros **10** (bebí /**bebimos**) una limonada en un café. Edgar **11** (**habló**) / hablaste) inglés con uno de los camareros que **12** (**pasó**) / pasamos) tres años en Phoenix en la casa de sus tíos. Ellos **13** (habló /**hablaron**) por quince minutos. Edgar y Ramona **14** (**comieron**) / comió) una pizza pequeña y yo **15** (**escribí**) / escribimos) de todas mis experiencias en mis tarjetas.

Y tú, Pablo, ¿por qué no me **16** (escribieron /**escribiste**) una carta?

¿**17** (**Hablaste**) / Hablé) con nuestra profesora de español sobre mis experiencias en Cuernavaca hace dos semanas? Si la ves, por favor, dile (*tell her*) que uso mi español todos los días.

Tu mejor amigo,

Alejandro

Page 2

B. (____/____ puntos) Complete the sentences below telling about people's opinions. Follow the model.

Modelo  A Alejandro _le encantan_ (encantar) las películas de horror.

1.  A mi padre no _le gusta_ (gustar) lavar la ropa.

2. A Luisa _le encanta_ (encantar) el perfume.

3. A nosotros _nos aburren_ (aburrir) las películas románticas.

C. (____/____ puntos) Now, complete the following sentences with the word or phrase indicated by each picture.

1. A Jorge le interesan _las diapositivas_ .

2. A mí me faltan _discos compactos_ .

3.  A ti te encanta _el trabajo voluntario_ .

T63

Nombre _____

Hora _____

Examen cumulativo II

Fecha _____

Examen cumulativo II, Page 4

PARTE II. Comunicación

A. Escuchar (___/___ puntos)

Listen as Tomás and Marta talk with their father about household chores that need to be done today. Check off whether Tomás or Marta will do the chores. **¡Ojo!** Some tasks may require two check marks. You will hear this conversation twice.

	TOMÁS	MARTA
1.	✓	
2.		✓
3.		✓
4.	✓	
5.	✓	
6.	✓	✓
7.	✓	✓

Nombre _____

Hora _____

Examen cumulativo II

Fecha _____

Examen cumulativo II, Page 3

D. (___/___ puntos) Elisa is packing her suitcase to return home from Guatemala. Read her sentences and write the correct direct object pronoun (lo, la, los, las) in each blank on your answer sheet.

1. Tengo muchos regalos para mi familia. Necesito poner **los** _____ en mi mochila.

2. ¿Dónde está el anillo para mi hermanita? ¿ ____ **Lo** ____ tengo en la mochila?

3. Y todos mis recuerdos, ¿ ____ **los** ____ pongo en la mochila o en el bolso?

4. ¿Dónde compré esta blusa para mi mamá? Ah, sí. ____ **la** ____ compré en el mercado la semana pasada.

5. ¿Qué hago con las fotos que saqué durante el viaje? ____ **Las** ____ pongo en la mochila también.

Examen cumulativo II

B. Escuchar (___ / ___ *puntos*)

Linda just returned from a shopping trip and is showing her purchases to Patricio. First, read the statements below. Then, listen to their conversation and number the statements in the order in which they are said. You will hear this conversation twice.

__3__ Linda compra la falda negra.

__5__ Linda compra zapatos rojos.

__2__ Linda ve la falda verde y la falda negra.

__1__ Linda compra un suéter azul.

__4__ Linda compra la camisa roja y negra.

C. Leer (___ / ___ *puntos*)

Read the following advertisement from a movie production company. Then, mark each statement below by circling **Cierto** if it is true and **Falso** if it is false.

¡Hoy puede ser el mejor día de su vida! La compañía cinematográfica Mar y Sol viene a su ciudad buscando nuevos actores. Vamos a producir una película romántica en la isla tropical de San Martín y Ud. puede ser parte de la emoción. Buscamos personas pelirrojas de 20 a 30 años con experiencia trabajando en restaurantes. Es mejor si Ud. tiene familia de San Martín, especialmente su padre, el padre de su padre o los hermanos de su padre. Si Ud. quiere ser actor, necesita venir al hotel Milagros en la playa de Miami el sábado que viene, a las dos de la tarde. ¡Buena suerte!

1. *Mar y Sol* es el nombre de la película.   Cierto   (Falso)

2. Va a ser una película de horror.   Cierto   (Falso)

3. La compañía busca personas viejas.   Cierto   (Falso)

4. Un camarero pelirrojo puede ser el actor perfecto.   (Cierto)   Falso

5. Es mejor tener un padre, un abuelo o un tío de San Martín.   (Cierto)   Falso

6. Los actores tienen que venir al hotel por la mañana.   Cierto   (Falso)

Examen cumulativo II

D. Escribir (___ / ___ *puntos*)

Describe Mónica who is getting ready for her first dinner party. What is she wearing? What is she doing right now? What room is she in and what is in that room? Be creative and use the drawing to guide you.

Your writing will be graded on:
• the amount of information you give.
• the variety of vocabulary you use.
• accurate use of newly learned vocabulary and grammar points.

Answers may vary.

_____

_____

_____

_____

_____

_____

_____

This page intentionally left blank.

Realidades B

Nombre _____

Hora _____

Fecha _____

Examen cumulativo II, Page 7

Examen cumulativo II

E. Hablar (____/____ puntos)

Your teacher may ask you to speak on one of the following topics:

1. Tell what you did during your last vacation. Where did you go? What did you do there? Ask your teacher what he or she did, where he or she went, etc. Start by saying: "**Durante las vacaciones pasadas…**".

2. Imagine that you and your brother or sister are getting ready to surprise your parents by cleaning the house or apartment for them while they're out. Tell your sibling what to do to help out. Remember to use commands and talk about each room of the house or apartment and what needs to be done in each.

Your presentation will be graded on:
• the amount of information you give.
• how well you are organized.
• how easily you are understood.
• accurate use of newly learned vocabulary and grammar points.

T66

Alternate Chapter Assessments, Level A

This page intentionally left blank.

EXAMEN DE *Para empezar*

A. Escuchar (___ /___ *puntos*)

You plan to spend a month in Bolivia as an exchange student. Because you want to avoid making mistakes when responding to questions, you have asked a friend to help you practice your Spanish. Listen to the questions, then choose the most appropriate response to each one. You will hear the questions twice.

Below are six possible responses. Write the number of the question in the blank next to the corresponding response.

_____	Me llamo Margarita.	_____	Muy bien, gracias.
_____	Regular, ¿y tú?	_____	No. Son las ocho y cuarto.
_____	Hoy es viernes.	_____	No. Hoy es el doce de septiembre.

B. Leer (___ /___ *puntos*)

Read the following weather report and answer the questions in English.

> ### El cinco de diciembre
>
> Hoy en Boston hace frío y nieva. La temperatura máxima es 20 grados y la mínima es 0. No hace viento.

1. On what date is this weather report given? _____

2. What is the weather like in Boston today? _____

3. What is the high temperature? and the low? _____ _____

4. According to the information provided in the weather report, which of these statements is **not** correct? Circle your answer.

   a. It is cold today.

   b. It is windy today.

   c. It is snowing today.

Realidades Ⓐ

Para empezar

Nombre _____

Fecha _____

Hora _____

Examen P

C. Leer (___ /___ *puntos*)

Label each item with the appropriate phrase from the word bank below.

el bolígrafo	**la carpeta**	**el cuaderno**
el lápiz	**el libro**	**la hoja de papel**

1. _____

2. _____

3. _____

4. _____

5. _____

6. _____

Realidades Ⓐ

Capítulo 1A

Nombre _____

Hora _____

Fecha _____

Examen **1A**, Page 1

EXAMEN DEL CAPÍTULO, 1A

PARTE I: Vocabulario y gramática en uso

A. (___ /___ *puntos*) On the blanks, write the leisure activity from the word bank represented by each picture.

hablar por teléfono	escribir cuentos
usar la computadora	pasar tiempo con amigos
leer revistas	tocar la guitarra

1. _____

4. _____

2. _____

5.  _____

3.  _____

6.  _____

B. (___ /___ *puntos*) Read the following conversation and circle the phrases that best complete it. The first one has been done for you.

—No me gusta nada correr.

—**1** (Hacer /(A mí tampoco)).

—¿Qué te gusta **2** (hacer / a mí también)?

—Pues, a mí me gusta escuchar música. ¿Y **3** (a ti / a mí tampoco)?

—**4** (A mí también / Hacer) me gusta escuchar música, pero me gusta

5 (a ti / más) cantar y bailar.

Alternate Assessment ▬ *Examen del capítulo, 1A* **3**

Realidades Ⓐ

Capítulo 1A

Nombre _____

Hora _____

Fecha _____

Examen 1A, Page 2

C. (___ /___ *puntos*) Complete the following conversations with **me gusta** or **te gusta**.

1. MARÍA: Arturo, ¿_____ _____ dibujar?

ARTURO: Sí, _____ _____.

2. MARÍA: Elena, ¿_____ _____ trabajar?

ELENA: No, no _____ _____.

MARÍA: ¿Qué _____ _____ hacer?

ELENA: Pues, _____ _____ ver la tele.

3. MARÍA: Ana, ¿qué te gusta hacer?

ANA: Pues, _____ _____ bailar y cantar.

4. MARÍA: Andrés, ¿qué no te gusta hacer?

ANDRÉS: No _____ _____ ni patinar ni montar en monopatín.

Realidades Ⓐ

Capítulo 1A

Nombre _____

Fecha _____

Hora _____

Examen **1A**, Page 3

PARTE II: Comunicación y cultura

A. Escuchar (___ /___ *puntos*)

Listen to the voicemails in Spanish from students looking for a "match-up" to the homecoming dance. Each caller tells two things he or she likes to do and one thing he or she does not like to do. Look at the pictures and circle the ones that match what each caller likes. Put an X through the pictures that match what each caller DOES NOT like. Be careful! The callers do not always give the information in the same order as the pictures!

You will hear an example first. Listen to Luis's voicemail and look at the pictures selected to match what he says. You will hear each set of statements twice.

Modelo   Luis

1. Carla

2. Ana

3. Gabriel

4. Nacho

5. Andrés

Realidades Ⓐ

Capítulo 1A

Nombre _____

Fecha _____

Hora _____

Examen 1A, Page 4

B. Leer (___ /___ *puntos*)

Read the following personal ads from a popular Spanish magazine, *Chispas*. Then, place a check mark in the corresponding box if the person LIKES a particular activity. Three items have been done for you.

1. Hola. ¿Qué tal? Me llamo Mónica. Me gusta ver MTV en la tele, bailar ballet y escuchar música moderna. No me gusta ni practicar deportes… ni correr, ni nadar. ¿Y qué más? ¡Me gusta MUCHO leer *Chispas*, mi revista favorita!

2. ¿Qué tal, amigos? Me llamo Noé. ¿Qué me gusta hacer? Depende de la estación. En el verano, me gusta nadar. En el otoño, me gusta montar en bicicleta. En la primavera, me gusta correr. ¿Y en el invierno? Me gusta jugar videojuegos.

3. ¿Te gusta bailar? ¡A mí también! ¿Te gusta trabajar? ¡A mí tampoco! Me llamo Javier. En todos los meses del año, me gusta tocar la guitarra con mi banda, "Los Animales". Me gusta más cantar… música romántica y música rock. ¿Y a ti?

	Mónica	Noé	Javier
listening to music	✓		
running			
playing the guitar			
going to school			
playing sports			
playing videogames			
spending time with friends			
swimming			
reading magazines			
singing			
riding bicycles		✓	
working			
dancing			✓
watching TV			

Now, circle the name of the person who sounds the most interesting to you!

C. Escribir (___ /___ puntos)

Write the following information about yourself in complete sentences in Spanish.

1. your name _____

2. three things you like to do _____

3. three things you don't like to do _____

4. three questions that you want someone else to answer about himself or herself

_____ _____ _____

| Modelo | *Me gusta bailar.* |

> **Your writing will be graded on:**
> • how much information you give about yourself.
> • how you express your likes and dislikes.
> • accurate use of newly learned vocabulary and grammar points.

D. Hablar (___ /___ puntos)

Make three statements about what you like to do and three statements about what you don't like to do.

> **Your presentation will be graded on:**
> • how much information you give about yourself.
> • how easily you are understood.
> • how you express your likes and dislikes.

E. Cultura (___ /___ puntos)

Write the name of the dance from the box below on the line next to the phrase that best describes it.

| el merengue   el flamenco   el tango   la salsa   la cumbia |

1. un baile con ritmos africanos _____

2. un baile típico de España _____

3. un baile famoso de Colombia _____

4. un baile romántico de Argentina _____

Realidades A

Capítulo 1B

Nombre _____

Hora _____

Fecha _____

Examen 1B, Page 1

EXAMEN DEL CAPÍTULO, 1B

PARTE I: Vocabulario y gramática en uso

A. (___ /___ *puntos*) Write the opposite of the following words in the blanks provided.

1. atrevido   _____

2. desordenado   _____

3. serio   _____

4. trabajador   _____

5. paciente   _____

B. (___ /___ *puntos*) Two students are discussing a friend. Circle the expression that best completes their thoughts.

—¿Cómo se llama tu amigo?

—**1** (**Se llama** / **Según**) Kiko.

—¿Qué **2** (**eres** / **le gusta**) hacer?

—Pues, **3** (**soy** / **le gusta**) practicar deportes y nadar.

—Él es muy **4** (**deportista** / **eres**), ¿no?

—Sí, y también es trabajador, pero **5** (**soy** / **a veces**) es impaciente.

—Yo **6** (**soy** / **según**) trabajadora también. **7** (**Según** / **Eres**) mi familia soy muy estudiosa.

—¿**8** (**Se llama** / **Eres**) impaciente también?

—No, yo **9** (**se llama** / **soy**) paciente.

Realidades Ⓐ

Capítulo 1B

Nombre _____

Hora _____

Fecha _____

Examen 1B, Page 2

C. (___ /___ *puntos*) Answer the questions below by writing the trait illustrated by each picture. If you see an "X" over a picture, the person does not have the trait illustrated. Pay attention to the gender of each person.

1. —¿Cómo es el chico?

—Es _____.

4. —¿Cómo es la estudiante?

—Es _____.

2. —¿Cómo es el chico?

—Es _____.

5. —¿Cómo es la chica?

—Es _____.

3. —¿Cómo es la chica?

—No es _____.

6. —¿Cómo es el chico?

—Es _____.

PARTE II: Comunicación y cultura

A. Escuchar (___ /___ puntos)

Listen as people talk about their friends. They each have at least one good thing to say about the friend, but they also mention personality flaws. As you listen, look at the pictures in the grid that represent personality traits. Put one check mark in the column that corresponds to the good trait, and one check mark in the column that corresponds to the flaw that you hear for each person. You will hear each set of statements twice. The first one has been done for you.

		Lorena	Javier	Kiki	Nico	Loli	Beto
☺		✓					
		✓					
☹							
		✓					

Realidades **A**

Capítulo 1B

Nombre _____

Fecha _____

Hora _____

Examen 1B, Page 4

B. Leer (___ /___ *puntos*)

In a Spanish magazine, you see an interview about one of the smash hits of the TV season, "Tú y yo." The reporter (**reportero**) asks several of the actors about the character (**personaje**) he or she plays on the show. Read the interview.

REPORTERO: *Hola, Sr. Bandero. ¿Cómo se llama su personaje en "Tú y yo"?*

SR. BANDERO: *Se llama José Luis.*

REPORTERO: *¿Cómo es José Luis?*

SR. BANDERO: *Pues… ¡José Luis es muy talentoso y simpático… como yo!*

REPORTERO: *Bueno. ¿Es el Sr. Bandero similar a José Luis?*

SR. BANDERO: *Claro que sí. ¡Idénticos! Él es trabajador, y yo también.*

REPORTERO: *Gracias. Hasta luego.*

SR. BANDERO: *Hasta luego. Nos vemos.*

REPORTERO: *Buenos días, Srta. Robles. ¿Cómo se llama su personaje en "Tú y yo"?*

SRTA. ROBLES: *Se llama Cristina Córdoba. Ella es muy atrevida y super sociable. Yo, no. Soy reservada y MUY romántica. Según mis amigos, no soy atrevida ni sociable. No me gustan las fiestas. Me gusta más pasar el tiempo con una revista buena.*

REPORTERO: *Gracias. Mucho gusto de hablar con usted.*

SRTA. ROBLES: *Encantada. Hasta luego.*

Now, read the statements below, and circle **Sí** if the the statement is correct and **No** if the statement is incorrect.

Sí   No   1. The character Sr. Bandero plays is just like himself in real life.

Sí   No   2. Sr. Bandero sees himself as being talented.

Sí   No   3. Although his character is hard-working, Sr. Bandero is not.

Sí   No   4. Sr. Bandero views his character as a nice guy.

Sí   No   5. Sr. Bandero sees himself as being nice.

Sí   No   6. The character Srta. Robles plays is just like herself in real life.

Sí   No   7. Srta. Robles sees herself as being shy and romantic.

Sí   No   8. Srta. Robles sees her character as daring.

Sí   No   9. Srta. Robles views her character as someone who would enjoy reading a good magazine rather than going to a party.

Sí   No   10. Srta. Robles loves going to parties.

Realidades A

Capítulo 1B

Nombre _____

Fecha _____

Hora _____

Examen 1B, Page 5

C. Escribir (___ / ___ *puntos*)

Write a description of yourself. Use as many adjectives as possible, tell what you like to do in your free time, and write about what you are like according to your friends.

> **Your writing will be graded on:**
> - how much information you give about yourself.
> - the variety of vocabulary you use.
> - accurate use of newly learned vocabulary and grammar points.

_____

_____

_____

_____

_____

_____

_____

_____

D. Hablar (___ / ___ *puntos*)

Tell what you are like. Be sure to mention your personality traits and the things you like to do.

> **Your presentation will be graded on:**
> - how much information you give about yourself.
> - the variety of vocabulary you use to describe yourself.
> - how easily you are understood.

E. Cultura (___ / ___ *puntos*)

Explain the concepts of **amigo** or **amiga** and **conocido** or **conocida** in Spanish-speaking cultures. Write at least three sentences.

_____

_____

_____

_____

Realidades Ⓐ

Capítulo 2A

Nombre _____

Fecha _____

Hora _____

Examen 2A, Page 1

EXAMEN DEL CAPÍTULO, 2A

PARTE I: Vocabulario y gramática en uso

A. (___ /___ *puntos*) Look at Susana's class schedule. Then, complete her comments about her classes by writing the appropriate number. The first two have been done for you.

miércoles		
1	8:00	ciencias sociales
2	9:00	ciencias naturales
3	10:00	matemáticas
4	11:00	educación física
5	1:00	inglés
6	2:00	arte
7	3:00	español

Tengo la clase de español en la **1** _____*séptima*_____ hora. Me gustan mis clases.

Mi clase favorita es la clase de matemáticas. Tengo la clase en la **2** _____*tercera*_____

hora, a las diez. También me gusta el arte, que es la **3** _____ clase del día.

En la **4** _____ hora tengo la clase de ciencias naturales. Me gusta, pero

es difícil. La **5** _____ clase del día, la clase más aburrida, es la clase de

ciencias sociales. No me gusta mucho. Pero sí me gusta la clase de educación física. Es la

6 _____ clase del día. La clase de inglés, en la **7** _____

hora, es muy interesante.

Realidades Ⓐ

Capítulo 2A

Nombre _____

Hora _____

Fecha _____

Examen 2A, Page 2

B. (___ /___ *puntos*) To whom is each sentence referring? Circle the correct subject pronoun. Look at the underlined words for clues. Follow the model.

Modelo <u>Tengo</u> la clase de español en la segunda hora. ((**yo**) / **él**)

1. <u>Necesito</u> un libro para la clase de inglés. (**ella** / **yo**)

2. <u>Lidia y Julio estudian</u> matemáticas. (**nosotros** / **ellos**)

3. <u>Hablas</u> con la profesora de ciencias naturales. (**tú** / **ustedes**)

4. <u>Necesitamos</u> escribir la tarea de la clase de inglés. (**yo** / **nosotros**)

5. <u>Adela, Ana y Olga hablan</u> de la clase de arte. (**él** / **ellas**)

6. <u>Tú y Miguel necesitan</u> una carpeta de argollas
   para la clase de ciencias naturales. (**ustedes** / **ella**)

7. <u>La profesora Sánchez enseña</u> la clase de español
   en la primera hora. (**ella** / **tú**)

8. <u>Roberto practica</u> deportes en la clase de educación física. (**él** / **tú**)

9. <u>Tú y yo hablamos</u> español. (**ellos** / **nosotros**)

C. (___ /___ *puntos*) Linda is talking about her classes. Complete her comments with the correct forms of the verbs given.

¡Uy, tengo muchas clases! Hoy Marta y yo **1** _____ (**estudiar**) para un

examen de matemáticas y mañana yo **2** _____ (**estudiar**) para un examen

de español. El profesor López **3** _____ (**enseñar**) la clase de español.

Me gusta la clase, pero él **4** _____ (**hablar**) muy rápido. ¡Yo no

5 _____ (**hablar**) rápido como él! El profesor Rodríguez y la profesora

Navarra **6** _____ (**enseñar**) la clase de educación física. ¡Yo no

7 _____ (**estudiar**) para esta clase! Y tú, ¿qué **8** _____

(**estudiar**) hoy?

Realidades Ⓐ

Capítulo 2A

Nombre _____

Hora _____

Fecha _____

Examen 2A, Page 3

D. (___ /___ *puntos*) Say what the people shown are doing.

Modelo  ella / cantar

Ella ___*canta*___.

1. él / montar en bicicleta

   Él _____.

2. ellos / practicar deportes

   Ellos _____.

3. yo / hablar por teléfono

   Yo _____.

4. nosotros / bailar

   Nosotros _____.

5. ella / escuchar música

   Ella _____.

6. Ud. / nadar

   Ud. _____.

7. tú / dibujar

   Tú _____.

Realidades (A)

Capítulo 2A

Nombre _____

Fecha _____

Hora _____

Examen 2A, Page 4

PARTE II: Comunicación y cultura

A. Escuchar (___ /___ puntos)

Listen as students talk to each other about the classes on their new schedules. Some students like their classes and others don't. As each student describes a class, circle the word or phrase best associated with the description. You will hear each set of statements twice.

1. **a.** mucha tarea   **b.** buen profesor

2. **a.** aburrida   **b.** divertida

3. **a.** computadoras   **b.** tarea

4. **a.** difícil   **b.** fácil

5. **a.** buen profesor   **b.** clase aburrida

B. Leer (___ /___ puntos)

Below are two e-mails from Spanish students, Luis and Victoria. Read what each e-mail says about what a school day is like. Then, read the statements that follow. Circle the name **Luis** if the statement describes his school day, and circle **Victoria** if the statement describes her school day.

Me llamo **Luis**. En la escuela no tengo muchas clases interesantes. ¿Cómo es mí día típico? En la primera hora, estudio ciencias sociales. Es muy aburrida. La profesora habla y nosotros escuchamos, nada más. En la segunda y tercera hora, la tarea es muy fácil. ¡El almuerzo es mi clase favorita! Es divertido porque mis amigos comen el almuerzo también. No me gusta ir a la escuela.

Soy **Victoria**. ¡Tengo ocho clases en mi horario y me gustan siete! Mis profesores son graciosos e interesantes. En la octava hora, tengo la clase de inglés con el Sr. Kraus. Es mi clase favorita. Él es el "Profesor del Año" de la Escuela Central este año. Es muy divertido y muy paciente. Me gusta leer y escribir cuentos en la clase. Para mí, es una clase ideal.

1. Le gusta pasar tiempo con amigos en la cafetería.   **Luis**   **Victoria**

2. La profesora habla mucho en la clase.   **Luis**   **Victoria**

3. No le gusta una de las clases.   **Luis**   **Victoria**

4. Tiene muchas clases aburridas.   **Luis**   **Victoria**

5. Tiene un profesor muy popular en la escuela.   **Luis**   **Victoria**

C. Escribir (___ /___ *puntos*)

Write about two of your classes and explain why you like or dislike each class. Include:

- the name of each class.
- a description of the class in terms of difficulty, interest, and practicality.
- a description of the personality of the teacher.
- the reason for liking or disliking the class.

> **Your writing will be graded on:**
> - **how much information you give.**
> - **accuracy in expressing likes and dislikes.**
> - **the variety of vocabulary you use.**

_____

_____

_____

_____

_____

_____

_____

_____

_____

_____

Realidades Ⓐ

Capítulo 2A

Nombre _____

Fecha _____

Hora _____

Examen 2A, Page 6

D. Hablar (___ /___ *puntos*)

Talk about how you and your friends are alike and how you are different. Talk about activities you do together with your friends AND activities that you do separately. For example, you could mention that you and your friends study together.

Mis amigos y yo...

Yo...

y mis amigos ...

> **Your presentation will be graded on:**
> • how many differences and similarities you mention.
> • the accurate use of subject pronouns and verb forms.
> • the use of new vocabulary.

E. Cultura (___ /___ *puntos*)

Explain which sport in Spanish-speaking countries is considered the most popular for both fans and young players. What are three things about this sport that might be similar to a sporting event in the United States?

1. _____

_____

2. _____

_____

3. _____

_____

Realidades Ⓐ

Capítulo 2B

Nombre _____

Hora _____

Fecha _____

Examen 2B, Page 1

EXAMEN DEL CAPÍTULO, 2B

PARTE I: Vocabulario y gramática en uso

A. (___ /___ *puntos*) Complete the following sentences about items in the classroom with the correct vocabulary words.

1. Hay cuatro _____.

2. Hay seis _____.

3. Hay una _____.

4. Hay dos _____.

B. (___ /___ *puntos*) Read the following conversation and complete it with the correct forms of the verb **estar**.

SARA: ¡Hola, Beti! ¿Dónde **1** _____?

BETI: **2** _____ aquí delante de la escuela. Tengo mucha tarea para mi clase de matemáticas. Pero, ¿dónde **3** _____ mi libro?

SARA: ¡Ay, no! ¡Los libros **4** _____ aquí, en mi mochila!

BETI: ¡Qué pena!

SARA: Oye, mamá y yo **5** _____ en ruta (*en route*) a la escuela.

BETI: ¡Muchas gracias! Yo **6** _____ al lado de la bandera, delante de la puerta de la escuela.

SARA: Muy bien. ¡Nos vemos!

BETI: ¡Hasta luego!

Realidades Ⓐ

Capítulo 2B

Nombre _____

Fecha _____

Hora _____

Examen 2B, Page 2

C. (___ / ___ *puntos*) Circle the correct phrase to say where the following items are in the classroom. Follow the model.

Modelo   La bandera está (**debajo del** / **encima del**) reloj.

1. La computadora está (**encima del / delante del**) escritorio.

2. La papelera está (**detrás del / al lado del**) escritorio.

3. La mesa está (**debajo de la / encima de la**) ventana.

4. La silla está (**detrás del / encima del**) escritorio.

5. El sacapuntas está (**delante de la / al lado de la**) ventana.

Realidades Ⓐ

Capítulo 2B

Nombre _____

Hora _____

Fecha _____

Examen 2B, Page 3

PARTE II: Comunicación y cultura

A. Escuchar (___ /___ puntos)

Listen as these students discuss something that they left behind in one of their classrooms. Their friends and teachers all have suggestions for places to look. As you hear their suggestions, fill in the grid below to indicate which item was lost. You will hear each conversation twice. One item has already been done for you.

Person looking for item	Item
Paco	cartel
Ana	
Andrés	
Graciela	
Chucho	

Realidades Ⓐ

Capítulo 2B

Nombre _____

Fecha _____

Hora _____

Examen 2B, Page 4

B. Leer (___ /___ *puntos*)

Read Paulina's note below, then respond to the statements by circling **Sí** if the statement is true and **No** if the statement is false.

NOMBRE DE ESTUDIANTE: *Paulina Escobar*   GRADO: *10*

PROBLEMA: Tengo un problema con mi horario. Estoy en la clase de tecnología con la Sra. Chávez en la primera hora. Es una clase muy difícil para mí. ¡Soy trabajadora, pero no me gusta la clase! No es una clase práctica ni interesante. También hay treinta y tres estudiantes en la clase y sólo veinticinco computadoras. Es un problema, ¿no? Mi amiga y yo usamos una computadora. Me gusta ir a la escuela, pero hay mucha tarea en esta clase. Soy muy artística y me gusta dibujar. Y... no me gusta la persona que está enfrente de mí en la clase. Ella habla, habla y habla. Es difícil escuchar. Necesito una clase de arte en la primera hora. ¿Hay una clase diferente para mí en la primera hora?

Paulina Escobar

---

1. Paulina está en la clase de arte en la primera hora.   **Sí**   **No**

2. A Paulina no le gusta trabajar.   **Sí**   **No**

3. Hay muchos estudiantes en la clase.   **Sí**   **No**

4. No hay treinta y tres computadoras en la clase.   **Sí**   **No**

5. Paulina usa una computadora con (*with*) la profesora.   **Sí**   **No**

6. A Paulina no le gusta ir a la escuela.   **Sí**   **No**

7. No hay tarea en la clase de la Sra. Chávez.   **Sí**   **No**

8. Paulina es una chica artística.   **Sí**   **No**

9. La persona enfrente de Paulina es la amiga de ella.   **Sí**   **No**

10. Es fácil escuchar en la clase.   **Sí**   **No**

Realidades A

Capítulo 2B

Nombre _____

Hora _____

Fecha _____

Examen 2B, Page 5

C. Escribir (___ /___ puntos)

Write four questions you could ask a friend about his or her schedule.

> Your writing will be graded on:
> - how many clearly understandable questions you write.
> - the variety of the questions you write.
> - accurate use of newly learned vocabulary and grammar points.

Modelo ¿ _Qué clase tienes en la primera hora_ _____?

1. ¿ _____
   _____?

2. ¿ _____
   _____?

3. ¿ _____
   _____?

4. ¿ _____
   _____?

D. Hablar (___ /___ puntos)

Tell your teacher about five things in your classroom and where each is located.

> Your presentation will be graded on:
> - how many items and locations are accurately described.
> - how easily you are understood.
> - accurate use of newly learned vocabulary and grammar points.

Realidades Ⓐ

Capítulo 2B

Nombre _____

Hora _____

Fecha _____

Examen 2B, Page 6

E. Cultura *(___ /___ puntos)*

List at least three things that you have learned in this chapter about schools in Spanish-speaking countries.

1. _____

_____

2. _____

_____

3. _____

_____

Realidades Ⓐ

Capítulo 3A

Nombre _____

Hora _____

Fecha _____

Examen 3A, Page 1

EXAMEN DEL CAPÍTULO, 3A

PARTE I: Vocabulario y gramática en uso

A. *(___ /___ puntos)* Write the names of each food item in the spaces provided.

1. _____

3. _____

5. _____

2. _____
_____

4. _____

6. _____

B. *(___ /___ puntos)* Look at the drawings and complete the sentences about the items shown.

  1. Me gusta _____.

  2. No me gusta _____.

  3. (No) Me gustan _____.

  4. (No) Me encanta _____.

  5. (No) Me encantan _____.

Realidades (A)

Capítulo 3A

Nombre _____

Fecha _____

Hora _____

Examen 3A, Page 2

C. (___ /___ *puntos*) Tell what foods and beverages different people eat or drink each day by circling a form of the verb **comer** or **beber**. Follow the model.

Modelo Ellos ((comen)/ beben) tres manzanas.

1. Usted (**come** / **bebe**) dos plátanos.

2. Ustedes (**comen** / **beben**) una ensalada de frutas.

3. Nosotras (**comemos** / **bebemos**) jugo de naranja.

4. Yo (**como** / **bebo**) café.

5. Él (**come** / **bebe**) pizza.

6. Ellas (**comen** / **beben**) papas fritas.

7. Tú (**comes** / **bebes**) dos hamburguesas.

8. Ella (**come** / **bebe**) jugo de manzana.

9. Tú y yo (**comemos** / **bebemos**) té helado.

Realidades Ⓐ

Capítulo 3A

Nombre _____

Hora _____

Fecha _____

Examen 3A, Page 3

PARTE II: Comunicación y cultura

A. Escuchar (___ /___ *puntos*)

Listen as students describe what they usually eat and drink for breakfast or lunch. As you hear their descriptions, check off the food items that each person mentions in the appropriate column. The first item for each person is checked off for you. You will hear each set of statements twice.

	Marta	Enrique	Kiki	Orlando
	✔			
		✔		
			✔	
				✔

B. Leer (___ /___ puntos)

Help some Spanish-speaking Boy Scouts order lunch. Read the menu, then look at the boys' preferences below. Check off on your answer sheet the lunch items each child would refuse to eat. Three items have been done for you.

```
🍔 · EL  ALMUERZO · 🍔

· Hamburguesa              · Ensalada de frutas       · Limonada
· Hamburguesa con queso    · Sopa de verduras         · Leche
· Sándwich de jamón                                   · Jugo de naranja
· Perrito caliente         · Yogur de fresas y        · Jugo de manzana
· Sándwich de jamón y queso  plátanos                 · Refresco
· Pizza                                               · Té helado
                                                      · Agua
```

1. Miguel no come nunca las frutas.

2. A Paco no le gusta comer verduras.

3. A Nacho no le gusta el queso.

4. Ernesto no come nunca la carne.

	Miguel	Paco	Nacho	Ernesto
Hamburguesa				
Hamburguesa con queso			✓	
Perrito caliente				
Sándwich de jamón				✓
Sándwich de jamón y queso				
Pizza				
Ensalada de frutas	✓			
Sopa de verduras				
Yogur de fresas y plátanos				
Limonada				
Leche				
Jugo de naranja				
Jugo de manzana				
Refresco				
Té helado				
Agua				

Realidades Ⓐ

Capítulo 3A

Nombre _____

Hora _____

Fecha _____

Examen 3A, Page 5

C. Escribir (___ /___ *puntos*)

Describe at least three breakfast foods or beverages you like and three you dislike. Do the same for your favorite and least favorite lunch food choices. Try to write in complete sentences rather than just making a list.

Your writing will be graded on:

- **how many complete statements you can make about what you like and don't like to eat.**
- **how easily your writing is understood and organized.**
- **accurate use of newly learned vocabulary and grammar points.**

Desayuno: _____

_____

Almuerzo: _____

_____

_____

D. Hablar (___ /___ *puntos*)

What are some things that you eat every day? Is there something you never eat? Is there a food you really love to eat every day? Tell your teacher six or more details about your food preferences and habits.

Your presentation will be graded on:

- **how many statements you offer about your eating habits.**
- **how easily you are understood.**
- **accurate use of newly learned vocabulary and grammar points.**

E. Cultura (___ /___ *puntos*)

Churros are a popular morning snack that you learned about in this chapter. How would you describe them, and where can you go in a Spanish-speaking country to try them?

_____

_____

_____

_____

Realidades Ⓐ

Capítulo 3B

Nombre _____

Hora _____

Fecha _____

Examen 3B, Page 1

EXAMEN DEL CAPÍTULO, 3B

PARTE I: Vocabulario y gramática en uso

A. (___ /___ *puntos*) Look at each drawing. Then, write the name of each food in the line provided. Follow the model.

Modelo

_____el pollo_____

las uvas	la cebolla
los espaguetis	los pasteles
los guisantes	la mantequilla
el pollo	

1. _____

4. _____

2. _____

5. _____

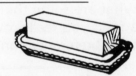

3. _____

6. _____

B. (___ /___ *puntos*) Eduardo is talking about his and his friend Luis's likes and dislikes. Complete his comments by circling the correct form of **ser.**

Luis y yo **1** (**somos** / **eres**) amigos. A Luis le gusta comer mucha carne. Cree que la carne **2** (**son** / **es**) muy sabrosa. Yo creo que la carne y los pescados **3** (**son** / **es**) malos. ¿Y tú? ¿**4** (**Eres** / **Somos**) una persona que come verduras o te gusta más comer carne? ¿Crees que la carne **5** (**es** / **soy**) buena o que **6** (**es** / **son**) mala?

Realidades **A**

Capítulo 3B

Nombre _____

Hora _____

Fecha _____

Examen 3B, **Page 2**

C. (___ /___ *puntos*) Complete these sentences about foods by writing the correct form of the adjective given.

| **Modelo** | (sabroso) Los tomates son ___*sabrosos*___. |

1. (bueno) Las judías verdes son _____.

2. (sabroso) La carne es _____.

3. (horrible) El pollo es _____.

4. (malo) El arroz es _____.

5. (bueno) Las papas son _____.

6. (sabroso) Las zanahorias son _____.

7. (bueno) Los tomates son _____.

8. (horrible) La lechuga es _____.

Realidades **A**

Capítulo 3B

Nombre _____

Fecha _____

Hora _____

Examen 3B, Page 3

PARTE II: Comunicación y cultura

A. Escuchar (___ / ___ puntos)

Listen to five interviews to find out some teen's habits. Listen for one thing each teen usually does and circle the corresponding picture. You will hear each set of statements twice.

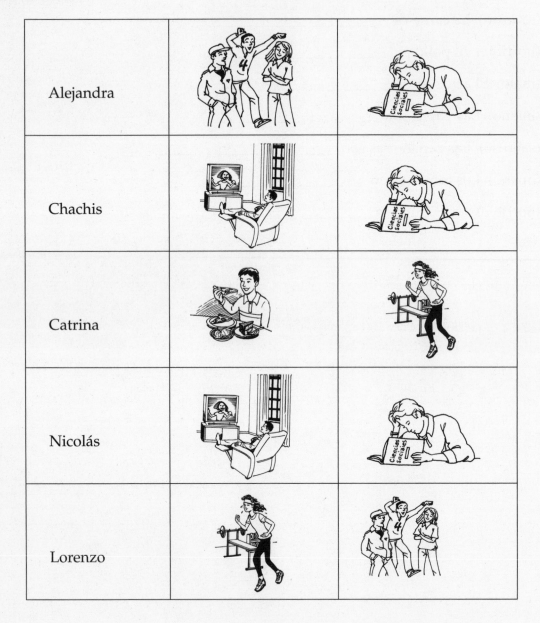

B. Leer (___ /___ *puntos*)

Read the comments below and decide whether each person has a healthy or unhealthy lifestyle. Mark your decision for each person with a check mark in the grid that follows. The first one has been done for you.

Chico gracioso: ¿Qué hago yo? Yo corro una hora todos los días. En el desayuno, como cereal, yogur, huevos y un jugo.

Chica sociable: Yo hago mucho también. Todos los días me gusta jugar videojuegos y leo las revistas enfrente de la tele.

Chica estudiosa: En realidad, no hago mucho. Leo muchos libros de salud. Como muchas comidas todos los días: helado de chocolate, helado de vainilla, helado de fresas.

Chico atrevido: Yo corro también. En el gimnasio levanto pesas. Bebo cinco vasos de jugo al día porque necesito vitamina C.

Chica reservada: No tengo mucha hambre. Bebo café en el desayuno. No como nada. En el almuerzo bebo un refresco con unas galletas o un pastel.

	BUENO para la salud...	MALO para la salud...
1. Chico gracioso	✓	
2. Chica sociable		
3. Chica estudiosa		
4. Chico atrevido		
5. Chica reservada		

C. Escribir (___ /___ puntos)

List five suggestions for things you believe people should do in order to maintain good health. Try to include a variety of suggestions: healthy food, healthy exercise, and healthy habits.

> **Your writing will be graded on:**
> - completion of the task.
> - the variety of suggestions you make.
> - accurate use of newly learned vocabulary and grammar points.

Para mantener la buena salud, una persona:

1. *debe comer muchas frutas* _____
2. _____
3. _____
4. _____
5. _____
6. _____

D. Hablar (___ /___ puntos)

Tell your teacher what kinds of food people should eat to maintain good health. What kind of exercise should they do? What should they NOT do?

> **Your presentation will be graded on:**
> - completion of the task.
> - the variety of suggestions you make.
> - accurate use of newly learned vocabulary and grammar points.

E. Cultura (___ /___ puntos)

Based on this chapter, describe what **yerbabuena** is.

_____

_____

What area of South America is helping drug companies find new cures for diseases?

_____

Realidades (A)

Capítulo 4A

Nombre _____

Hora _____

Fecha _____

Examen 4A, Page 1

EXAMEN DEL CAPÍTULO, 4A

PARTE I: Vocabulario y gramática en uso

A. *(___ /___ puntos)* Everyone has plans for the week. Using the pictures to help you, write where your friends and family will be. Use the model as a guide.

Modelo   El lunes yo voy al _____*centro comercial*_____.

1.   El lunes Juan y tú van a la _____.

2.   El martes Pedro va al _____.

3.   El miércoles mi familia y yo vamos al _____.

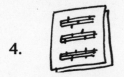

4.   El jueves tú vas a la _____.

5.   El viernes Geraldo y Claudia van al _____.

6.   El sábado Mariana va a la _____.

7.   El domingo Anita y Lucita van al _____.

Realidades (A)

Capítulo 4A

Nombre _____

Hora _____

Fecha _____

Examen **4A**, Page 2

B. (___ /___ *puntos*) You overheard part of your friend's telephone conversation. Complete the questions you think she is answering. Use a word or phrase from the word bank below. Follow the model.

Modelo —¿ *De dónde* eres?

—Soy de San Antonio, Texas.

Con quiénes	Cómo
Por qué	Cuándo
Qué	Adónde
De dónde	

1. —¿_____ estás?

   —Bien, gracias.

2. —¿_____ haces después de las clases?

   —Voy a la biblioteca.

3. —¿_____ vas allí?

   —Porque necesito estudiar.

4. —¿_____ vas después de ir a la biblioteca?

   —Al gimnasio.

5. —¿_____ vas al gimnasio?

   —Con Carmen y Lola.

6. —¿_____ vas a casa?

   —A las seis.

C. (___ /___ *puntos*) Mario's family is heading out for the day. Complete his comments with forms of the verb **ir** to say where they are all going.

Bueno, hoy es sábado. ¿Adónde **1** _____ mi familia hoy? Martín, tú

2 _____ a la biblioteca, ¿no? Marcos y María **3** _____ al cine.

¡Qué bien! Mamá y papá, ustedes **4** _____ al centro comercial para ir de

compras, ¿verdad? ¿Y yo? Bueno, yo no **5** _____ al centro comercial.

Pero mi amiga Margarita y yo **6** _____ al gimnasio a las tres. Ella

7 _____ al gimnasio todos los días.

Realidades Ⓐ

Capítulo 4A

Nombre _____

Fecha _____

Hora _____

Examen 4A, Page 3

PARTE II: Comunicación y cultura

A. Escuchar (___ /___ *puntos*)

Listen as these teens invite a friend to do something. At first, each friend declines the invitation. However, after asking a question, each decides to accept the invitation after all. Decide whether each person changed his or her mind because of *who* was going, *when* the event was taking place, *where* the event was taking place, or *why* the event was taking place. Then, place a check mark in the appropriate column on the grid. You will hear each conversation twice.

	Who	When	Where	Why
Gabriel				
Susi				
Javier				
Ana				
Nacho				

B. Leer (___ /___ *puntos*)

Based on the planner entries below and on page 38, can you figure out what type of people these are? After reading each planner, circle the correct answer to the questions.

MARTES, 12 de octubre

6:00 **Caminar con Elena en el parque**

7:30 **Desayuno en el restaurante Mariposa con el Club de tenis**

5:00 **Levantar pesas con Miguel**

7:00 **Correr con Juan**

8:00 **Hablar con Susi**

8:30 **Ir al gimnasio**

1. ¿Cómo es él?

   a. Es muy reservado.

   b. Es muy deportista.

2. ¿Qué le gusta hacer más?

   a. hacer ejercicio

   b. comer mucho

MARTES, 12 de octubre

7:00	Estudiar en la biblioteca para el examen de historia
7:45	Desayuno en la cafetería con Alicia y Marta
9:30	¡El examen de historia!
4:30	Ir al trabajo en el centro comercial
7:00	Practicar el piano
8:00	Organizar mi carpeta de argollas

3. ¿Cómo es ella?

   a. Es muy reservada.

   b. Es muy trabajadora.

4. ¿Qué le gusta hacer más?

   a. ser buena estudiante

   b. dibujar

MARTES, 12 de octubre

7:00	Caminar con Andrés a la escuela
7:30	Estudiar con Franco en la biblioteca
12:00	Almuerzo con Mauricio
4:00	Clase de baile con Sara y Alejandra
6:30	Ir al restaurante con Enrique
8:30	Hablar por teléfono con Carlos

5. ¿Cómo es ella?

   a. Es muy reservada.

   b. Es muy sociable.

6. ¿Qué le gusta hacer más?

   a. pasar tiempo con amigos

   b. escribir cuentos

C. Escribir (___ /___ *puntos*)

Write a note saying what you will be doing after school today. Mention at least three different places you will go and at what time. Try to describe what you will be doing at the different locations. For example, you might write that you're going to the gym to lift weights at 4:00: **Voy al gimnasio para levantar pesas.**

> **Your note will be graded on:**
> • the variety of places and activities you mention.
> • how many details you provide.
> • accurate use of newly learned vocabulary and grammar points.

_____

_____

_____

_____

D. Hablar (___ /___ *puntos*)

Tell your teacher what your plans are for this weekend. Mention at least two places you plan to go on Saturday or Sunday. Tell who you are going with and when you are going. You could begin by saying, **El sábado, voy… .**

> **Your presentation will be graded on:**
> • how much information you provide.
> • how well you are understood.
> • accurate use of newly learned vocabulary and grammar points.

E. Cultura (___ /___ *puntos*)

Choose <u>one</u> of the following recreational activities played in Mexico: **(a)** playing jump rope, **(b)** choosing sides for a game, **(c)** hopping over a board. How is the activity similar to or different from how children play in the United States?

_____

_____

_____

_____

Realidades Ⓐ

Capítulo 4B

Nombre _____

Hora _____

Fecha _____

Examen **4B**, Page 1

EXAMEN DEL CAPÍTULO, 4B

PARTE I: Vocabulario y gramática en uso

A. (___ /___ *puntos*) Tell at what time these people are going to do different activities. Follow the model.

> **Modelo** 7:00 A.M. Voy a ir a la escuela _____*a las siete de la mañana*_____ .

1. 9:00 A.M. Muchos estudiantes van a la piscina _____ .

2. 11:30 A.M. Mis amigos y yo vamos a comer _____ .

3. 2:30 P.M. Mi amigo Felipe va al gimnasio _____ .

B. (___ /___ *puntos*) Fill in the blanks with a word or phrase that you could use to invite friends to go do something. Follow the model.

> **Modelo** ¿_____*Quieres*_____ ir conmigo al centro comercial esta tarde?

1. ¿_____ ir al restaurante conmigo esta tarde?

2. ¿_____ ir a la biblioteca conmigo esta noche?

3. ¿_____ ir al cine esta noche?

C. (___ /___ *puntos*) Tomás wants to find someone to go to the dance with. How do different girls respond to his invitation? Circle the logical word or words in each girl's response.

TOMÁS: ¡Oye! ¿Quieres ir conmigo al baile mañana?

LAURA: ¡Ay! ¡Qué **1** (**pena** / **tengo**)! Me gustaría pero **2** (**tengo que** / **conmigo**) trabajar.

PATI: ¡Lo **3** (**siento** / **oye**)! Estoy demasiado **4** (**pena** / **ocupada**). Necesito

trabajar y estudiar para un examen importante este fin de semana.

ANA: Tomás, me gustaría ir **5** (**genial** / **contigo**) al baile pero no **6** (**siento** / **puedo**)

porque estoy **7** (**contigo** / **enferma**). Me duele la cabeza y el estómago también.

RAQUEL: ¡Qué buena idea! ¿A **8** (**qué hora es** / **puedo**) el baile—a las siete o a las ocho?

Realidades (A)

Capítulo 4B

Nombre _____

Fecha _____

Hora _____

Examen 4B, Page 2

D. (___ /___ *puntos*) Write the correct form of the verb **jugar** in the blanks.

1. Tú y yo _____ al tenis.

2. Ustedes _____ al básquetbol.

3. Yo _____ al golf.

Then, write the name of the sport these people play.

4. Mis amigos juegan al _____.

5. Él juega al _____.

6. Ellas juegan al _____.

Realidades Ⓐ

Capítulo 4B

Nombre _____

Hora _____

Fecha _____

Examen 4B, Page 3

PARTE II: Comunicación y cultura

A. Escuchar (___ /___ puntos)

Víctor has several messages on his answering machine from friends asking if he can go somewhere this Saturday. Listen to each message to find out what time the friend wants to go. You will see a check mark in the column that corresponds to the place. Write the time underneath the check mark. You will hear each set of statements twice.

	Centro comercial	Café Caliente	Jugar al tenis	Cine	Concierto de Toni Tela
Esteban		✓ _____			
Angélica				✓ _____	
Pablo	✓ _____				
Mónica					✓ _____
Lorena			✓ _____		

Realidades Ⓐ

Capítulo 4B

Nombre _____

Hora _____

Fecha _____

Examen **4B**, Page 4

B. Leer (___ /___ puntos)

The Spanish Club sponsor wants to know how many students are coming to tonight's club party. She asks the students to write a note to let her know if they are coming. Read each note.

Lo siento. Tengo que trabajar esta noche en el restaurante de mi familia. Luego necesito estudiar para un examen de ciencias sociales. ¡Qué pena! Me encantan las fiestas, pero es importante estudiar.

Victoria

¿Tengo que hablar español en la fiesta? No puedo hablar bien y soy demasiado reservado. También estoy un poco enfermo. Es mi estómago. Pero... ¿hay mucha comida para la fiesta—pasteles, helado, refrescos? Claro que sí. Voy a la fiesta.

Marco

Estoy muy ocupada esta noche. Tengo que escribir un cuento para mi clase de inglés. Me gustaría ir a las actividades del club, pero no puedo esta noche. Tengo demasiada tarea hoy.

Sara

¡Genial! Una fiesta de mi club favorito con mi profesora favorita y con los estudiantes de mi clase favorita. Me gusta practicar español cuando puedo. ¡Nos vemos, señora!

Guillermo

Answer the questions by circling the letter of the best response.

1. ¿Cuántos van a la fiesta del club en total?

   a. dos   **b.** tres

2. ¿A quién le gusta hablar español con la profesora y con los estudiantes de la clase?

   a. a Sara   **b.** a Guillermo

3. ¿Quiénes tienen que hacer algo para una clase mañana?

   a. Sara y Marco   **b.** Sara y Victoria

4. ¿A quién le gusta comer mucho?

   a. a Sara   **b.** a Marco

5. ¿Quién va a estudiar después de trabajar?

   a. Guillermo   **b.** Victoria

C. Escribir (___ / ___ *puntos*)

In complete sentences, list three different things you are going to do for fun this week. Use your imagination and the vocabulary you have learned so far!

> **Your writing will be graded on:**
> - how many upcoming activities you describe.
> - the variety of vocabulary you use.
> - accurate use of newly learned vocabulary and grammar points.

_____

_____

_____

_____

_____

D. Hablar (___ / ___ *puntos*)

Invite your teacher to do a particular activity with you. (Use the drawings for ideas!) Be prepared to respond to your teacher's questions.

> **Your conversation will be graded on:**
> - how well you interact with your teacher.
> - how many understandable answers you provide to your teacher.
> - accurate use of newly learned vocabulary and grammar points.

E. Cultura (___ /___ *puntos*)

What do kids your age and their friends do after school and on the weekends in Spanish-speaking countries? How might these activities be different from what you do now? Write three sentences.

1. _____

   _____

2. _____

   _____

3. _____

   _____

This page intentionally left blank.

EXAMEN CUMULATIVO I

PARTE I. Vocabulario y gramática en uso

A. (___/___ *puntos*) Some friends are talking about activities and where people do them. Match the sentences with answers that make sense. Circle the correct choice.

1. Me gustan las películas.

   a. Voy al cine.   **b.** Voy a las montañas.

2. No me gusta nadar.

   a. Voy a la biblioteca.   **b.** No voy a la piscina.

3. Me gusta la comida mexicana.

   a. Voy a un concierto.   **b.** Voy al restaurante.

4. Me gusta esquiar.

   a. Voy a las montañas.   **b.** Voy al centro comercial.

5. Me gusta ir de compras.

   a. Voy al centro comercial.   **b.** Voy al campo.

6. No me gusta levantar pesas.

   a. No voy al gimnasio.   **b.** No voy a la piscina.

7. Me gusta escuchar música.

   a. Voy al cine.   **b.** Voy a un concierto.

8. Me gusta correr.

   a. Voy al parque.   **b.** Voy a la biblioteca.

9. Me gustan los libros.

   a. Voy al restaurante.   **b.** Voy a la biblioteca.

10. No me gusta la ciudad.

   a. Voy al campo.   **b.** No voy a la piscina.

Realidades (A)

Examen cumulativo I

Nombre _____

Hora _____

Fecha _____

Examen cumulativo I, Page 2

B. (___/___ *puntos*) Complete the sentences about foods and physical activities using the correct form of the verb **ser**.

1. Los tomates _____ sabrosos.

2. El pescado _____ bueno.

3. El vóleibol _____ divertido.

4. Las actividades físicas _____ buenas.

5. Las grasas _____ malas.

Now, complete the following sentences using the correct form of the adjectives in parentheses.

6. (sabroso)   La leche es _____.

7. (bueno)   El desayuno es _____.

8. (horrible)   Los pasteles son _____.

9. (malo)   Los videojuegos son _____.

10. (bueno)   La sopa de verduras es _____.

C. (___/___ *puntos*) Complete the following conversation between Adriana and Elena with the correct form of the verb **estar**.

ADRIANA: ¡Hola, Elena! ¿Dónde **1** _____?

ELENA: **2** _____ aquí en la sala de clase. Tengo mucha tarea.

Pero, ¿dónde **3** _____ mi libro?

ADRIANA: ¡Ay, no! ¡Los libros **4** _____ aquí, en mi mochila!

ELENA: ¡Qué pena!

ADRIANA: Oye, mamá y yo **5** _____ en ruta a la escuela.

ELENA: ¡Muchas gracias! Espero en la sala 112.

ADRIANA: Muy bien. ¡Nos vemos!

ELENA: ¡Hasta luego!

D. (____/____ *puntos*) Gilda is writing in her journal about the things she does during a typical day. Write the correct present tense form of the verb in parentheses for each blank in her entry.

14 de diciembre

Voy a escribir un poco sobre un día típico. Primero, yo **1** _____ (**ir**) a la

escuela a las siete de la mañana porque **2** _____ (**correr**) un poco antes de

las clases. A las ocho **3** _____ (**tener**) mi primera clase, la clase de inglés.

4 _____ (**Ser**) una clase muy fácil para mí. Después, mi amiga Ana y yo

5 _____ (**ir**) a la clase de español donde **6** _____ (**estudiar**) mucho

y **7** _____ (**hablar**) con nuestros amigos. La profesora Lemaños

8 _____ (**enseñar**) muy bien y **9** _____ (**ser**) muy inteligente.

Después de la clase, Ana y Federica **10** _____ (**ir**) a la clase de

educación física, pero yo **11** _____ (**comer**) el almuerzo. Mis amigos Pablo

y Rafael **12** _____ (**compartir**) sus almuerzos a veces. Los lunes y

miércoles, yo **13** _____ (**jugar**) al tenis después de almorzar. A la una,

yo **14** _____ (**tener**) clase otra vez. Las clases **15** _____ (**terminar**)

a las dos y media y Ana y yo **16** _____ (**ir**) a casa para estudiar o ver la tele

un poco. Finalmente, yo **17** _____ (**comer**) la cena con mi familia, y mis

hermanos y yo **18** _____ (**estudiar**) o **19** _____ (**practicar**) el piano.

A las once, el día **20** _____ (**terminar**) y puedo dormir. ¡Buenas noches!

PARTE II. Comunicación

A. Escuchar (___/___ puntos)

Some friends are talking about the activities that they enjoy. Listen as they talk and check off the activities that each person *likes* to do. You will hear each of them speak in the order in which they are listed on the grid. You will hear each set of statements twice. Three items have been done for you.

	bailar	hablar	escribir cuentos	estudiar	leer	practicar deportes	nadar
1. Susana							✓
2. Mauricio				✓			
3. Raquel							
4. Paco	✓						
5. Julián							

B. Escuchar (___/___ puntos)

Victoria has a lot to do today. Listen as she talks about her plans with her mother. She will mention things that she is going to do and the places she will need to go. Write numbers next to the words below to indicate the order in which she will go to these places. You will hear this conversation twice. The first item has been done for you.

_____ **centro comercial**

_____ **iglesia**

___*1*___ **biblioteca**

_____ **casa**

_____ **parque**

_____ **café**

Realidades **A**

Nombre _____

Hora _____

Examen cumulativo I

Fecha _____

Examen cumulativo I, Page 5

C. Leer (___/___ *puntos*)

Read the following postcard from Ángelo to his grandfather. Then, circle **Sí** if the statement you read is correct and **No** if it is incorrect.

Querido abuelo:

Saludos desde Puerto Escondido, México. Me gusta mucho este lugar. Todos los días, yo nado en el mar y juego al vóleibol con mis amigos. Por la tarde, vamos a la ciudad para visitar los lugares interesantes como la iglesia grande y el parque. Hay unos cafés muy buenos aquí, también. Me encanta comer las fresas y las manzanas de aquí— ¡son muy sabrosas! Después, mis amigos y yo vamos al cine casi todas las noches. Me encanta el cine mexicano. Pues, nos vemos pronto, abuelo.

Un abrazo,

Ángelo

1. Ángelo está en Perú. Sí No

2. Ángelo es deportista. Sí No

3. Ángelo visita muchos lugares fascinantes. Sí No

4. A Ángelo no le gusta la fruta. Sí No

5. A Ángelo le gustan las películas mexicanas. Sí No

D. Escribir (___ / ___ *puntos*)

You are applying to be a host for a Spanish-speaking exchange student. Fill out the form below about yourself and your interests.

> **Your writing will be graded on:**
> - completion of the task.
> - variety of vocabulary.
> - accurate use of newly learned vocabulary and grammar points.

Fecha _____

Nombre _____

¿Cuántos años tienes? _____

Escuela _____

Please write a paragraph in Spanish describing your personality, your favorite and least favorite activities, and your school schedule.

Yo soy... _____

_____

Me gusta... _____

_____

No me gusta... _____

_____

Yo tengo muchas clases... _____

_____

_____

Realidades Ⓐ

Examen cumulativo I

Nombre _____

Hora _____

Fecha _____

Examen cumulativo I, Page 7

E. Hablar (___ / ___ *puntos*)

Your teacher may ask you to speak on one of the following topics:

1. Describe foods that are good to eat for each of the three meals of the day. Then, describe what you typically eat in a day.

2. Describe the items you typically have in your backpack at school and what classes you use them in. Then, talk about the things you see in your classroom.

Your presentation will be graded on:
- how much information you give.
- how well you are organized.
- how easily you are understood.
- accurate use of newly learned vocabulary and grammar points.

This page intentionally left blank.

Alternate Chapter Assessments, Level B

This page intentionally left blank.

Realidades B

Capítulo 5A

Nombre _____

Hora _____

Fecha _____

Examen 5A, Page 1

EXAMEN DEL CAPÍTULO, 5A

PARTE I: Vocabulario y gramática en uso

A. (___ /___ *puntos*) Look at the family tree. Then circle the word that best completes each statement.

Luis   Adela

Roberto   Lola   Rosa   Javier

Beatriz   Miguel   Patricia   Luisa   Santiago   Ignacio   Ernestina

1. Luis es (**el abuelo / el padre**) de Patricia.

2. Adela es (**la abuela / la madre**) de Rosa.

3. Roberto y Lola son (**los padres / los tíos**) de Santiago.

4. Roberto es (**el primo / el esposo**) de Lola.

5. Rosa es (**la madre / la tía**) de Ernestina.

6. Santiago, Ignacio y Ernestina son (**los abuelos / los primos**) de Luisa.

7. Santiago, Ignacio y Ernestina son (**los tíos / los hijos**) de Javier.

8. Ignacio y Ernestina son (**los padres / los hermanos**) de Santiago.

B. (___ /___ *puntos*) Complete the sentences below about people's ages by filling in each blank with the correct form of the verb **tener**.

1. La abuela _____ 60 años.

2. Ellos _____ 63 años.

3. Nosotros _____ 32 años.

4. Mi mamá _____ 34 años.

5. Yo _____ 12 años.

6. Tú _____ 6 años.

Realidades B

Capítulo 5A

Nombre _____

Hora _____

Fecha _____

Examen 5A, Page 2

C. (___ /___ *puntos*) Fill in the blanks in the sentences below about items at a party with the word indicated by the picture. Remember that some items may be plural!

Modelo   Es ____*el pastel*____ de Ud.

1. Son _____ de nosotros.

2. Es _____ de Guillermo.

3. Es _____ de mí.

4. Es _____ de ti.

5. Son _____ de la tía Magdalena.

6. Son _____ de ellos.

D. (___ /___ *puntos*) Listed below are the phrases denoting possession from **part C**. Change each one to the correct possessive adjective. Be sure to change masculine to feminine if the word calls for it. Follow the model.

Modelo   de Ud.   _____*su*_____

1. de nosotros _____

2. de Guillermo _____

3. de mí _____

4. de ti _____

5. de la tía Magdalena _____

6. de ellos _____

Realidades B

Capítulo 5A

Nombre _____

Hora _____

Fecha _____

Examen 5A, Page 3

PARTE II: Comunicación y cultura

A. Escuchar (___ /___ puntos)

You are going to your friend's house for a family birthday party. When you arrive, your friend points out his family members and tells you a little about each of them. Look at the picture as you listen to his descriptions. Write the number of each sentence in the circle next to the family member being described. You will hear each set of statements twice. The first one has been done for you.

Now, circle the correct answer below.

9. ¿Quién celebra su cumpleaños?   **a.** Andrés   **b.** Kiki

10. ¿Cómo se llama el perro?   **a.** Chachis   **b.** Luisa

Realidades B

Capítulo 5A

Nombre _____

Fecha _____

Hora _____

Examen 5A, Page 4

B. Leer (___ /___ *puntos*)

Read the following letter written to advice columnist "Querida Cristina." Then read the response. Finally, read the sentences that follow the letters and circle **Sí** if the statement is correct and **No** if it is incorrect.

Querida Cristina:

   Me llamo Diana. Tengo un problema enorme con mi hermana menor. Se llama Loli y ella **siempre** está conmigo. Tiene doce años. ¡Yo soy muy sociable y me gusta estar con mis amigas, pero a mi hermana le gusta estar con nosotras **veinticuatro horas al día, siete días a la semana**! A ella le encanta escuchar nuestras conversaciones privadas y nuestros secretos. Según mis padres, yo no soy paciente y mi hermana es "normal". **¿Ella es normal**? Imposible. ¿Qué debo hacer?

Cordialmente,

Una hermana frustrada.

Querida "hermana frustrada":

   Estoy de acuerdo con tus padres. Tu y tus amigas no deben hablar de chicos, ni de música, ni de fiestas enfrente de tu hermana. Deben hablar de **matemáticas** o de **ciencias**. ¡Después de cinco minutos, tu hermana va a preferir la tele! También, debes pasar treinta minutos con tu hermana todos los días. Puedes ver la tele, escuchar música o simplemente hablar con ella. Va a ser muy diferente contigo después de una semana, SIN tus amigas.

Atentamente,

Cristina

---

1. Diana es la hermana menor.   **Sí**   **No**

2. A Loli le gusta estar con su hermana siempre.   **Sí**   **No**

3. Diana debe hablar de los chicos delante de Loli.   **Sí**   **No**

4. A Loli le gusta hablar de matemáticas.   **Sí**   **No**

5. Diana debe pasar más tiempo con su hermana menor.   **Sí**   **No**

C. Escribir (___ /___ *puntos*)

You want to plan a fun birthday party at a Mexican restaurant for your cousin. Tell the people at the restaurant the following things:

Your cousin's name: _____

Your cousin's age: _____

What your cousin likes: _____

What your cousin does not like: _____

What your cousin loves: _____

Your cousin's personality: _____

> **Your writing will be graded on:**
>
> • **how many personal characteristics you include.**
>
> • **how many likes and dislikes you mention.**
>
> • **accurate use of new vocabulary and grammar points.**

D. Hablar (___ /___ *puntos*)

Describe one member of your family. Tell: (a) how he or she is related to you; (b) his or her age; (c) what he or she likes to do; and (d) his or her personality.

> **Your presentation will be graded on:**
>
> • **the accuracy of describing your family member's relationship to you.**
>
> • **how much information you give about your family member.**

E. Cultura (___ /___ *puntos*)

List three things that you would expect to find at a Hispanic 15th birthday celebration.

1. _____

2. _____

3. _____

Realidades Ⓑ

Capítulo 5B

Nombre _____

Fecha _____

Hora _____

Examen 5B, Page 1

EXAMEN DEL CAPÍTULO, 5B

PARTE I: Vocabulario y gramática en uso

A. (___ /___ *puntos*) Complete the descriptions of the people shown by circling the correct word in parentheses.

1. Las mujeres (**son** / **están**) viejas.

2. Los jóvenes (**son** / **están**) contentos.

3. Los estudiantes (**son** / **están**) tristes.

4. El hombre (**es** / **está**) ocupado.

5. Los primos son (**joven** / **jóvenes**).

6. El joven es (**alto** / **alta**).

7. La mujer es (**bajo** / **baja**).

8. La chica está (**enfermo** / **enferma**).

Realidades B

Capítulo 5B

Nombre _____

Hora _____

Fecha _____

Examen 5B, Page 2

B. (___ /___ *puntos*) Fill in the blanks with the correct form of the verb **faltar** to say what things are missing. Use the art as a guide. Follow the model.

Modelo A mi <u>me</u> <u>faltan</u> los platos.

1. A mí _____ _____ el tenedor.

2. A ti _____ _____ el azúcar.

3. A ti _____ _____ la servilleta.

4. A mí _____ _____ la sal y la pimienta.

5. A ti _____ _____ las cucharas.

C. (___ /___ *puntos*) Complete the following conversation with forms of the verb **venir**.

LIDIA: Oye, Roque, vamos a tener una fiesta. Marcos, Cecilia, Esteban y muchos otros _____. ¿_____ tú?

ROQUE: ¡Claro que yo _____ a la fiesta!

LIDIA: A ver... ¿cuántas personas _____ a la fiesta? Rodrigo, Susana... Emilio... en fin, somos catorce personas.

D. (___ /___ *puntos*) Complete this conversation with forms of the verb **traer**.

ROQUE: ¿_____ yo un pastel?

LIDIA: ¡Qué buena idea! Tú _____ el pastel. ¡Gracias!

ROQUE: Sí, y Emilio _____ sándwiches como siempre.

LIDIA: ¡Vamos a comer muy bien!

Realidades **B**

Capítulo 5B

Nombre

Fecha

Hora

Examen **5B**, Page 3

PARTE II: Comunicación y cultura

A. Escuchar (___ /___ *puntos*)

Listen to the complaints the receptionist at the Hotel Duquesa receives about room service. Determine the problem by choosing from one of the options given. If you think both are correct, then circle the word **both**. You will hear each set of statements twice.

Name	**Problem**
1. el Sr. Robles	**(a)** the silverware is missing **(b)** the order was not delivered at the correct time **(c)** both
2. la Sra. Martín	**(a)** something is wrong with the food order **(b)** the silverware is missing **(c)** both
3. la Srta. Muñoz	**(a)** some condiments are missing **(b)** there are no napkins **(c)** both
4. el señor	**(a)** something is wrong with the food order **(b)** the order was not delivered at the correct time **(c)** both
5. el Sr. Lenis	**(a)** something is wrong with the food order **(b)** the order was not delivered at the correct time **(c)** both

Realidades B

Capítulo 5B

Nombre _____

Hora _____

Fecha _____

Examen 5B, Page 4

B. Leer (___ /___ puntos)

Read the letter that Rosario's cousin from Mexico wrote about her upcoming trip to Santa Fe. After reading her letter, complete the statements by circling the correct phrase.

Hola Rosario:

¡En una semana voy a estar contigo en Santa Fe! ¡Qué divertido! Me encanta la idea de visitar a mi familia en los Estados Unidos.

Tengo mucho interés en practicar mi inglés contigo y con tus amigos. Estudio mucho inglés en clase, pero me gustaría tener una conversación de verdad. ¿Qué hablan las personas en Santa Fe? ¿Inglés o español? Mi madre dice que tus abuelos hablan en español y tus padres hablan en inglés. ¿Es verdad?

Santa Fe es una ciudad muy artística, ¿verdad? Hay un museo de la artista americana Georgia O'Keeffe en Santa Fe. Me encanta su arte. Ella dibuja flores muy grandes. Son fantásticas. ¿Vamos al museo?

Gracias por el menú del Fandango. No me gustan los garbanzos, pero me encanta la sopa de arroz. Yo como mucho pollo aquí en México; me gustaría comer chile con carne y queso. ¿Hay chocolate mexicano en Santa Fe? ¡Qué bueno!

Nos vemos en siete días.

Tu prima,

Alicia

1. Cuando está en Santa Fe, Alicia quiere _____.

   a. hablar inglés   **b.** dibujar

2. Los abuelos de Rosario hablan en _____.

   a. inglés   **b.** español

3. La artista americana dibuja _____.

   a. familias   **b.** flores

4. Cuando Alicia está en Santa Fe, quiere comer _____.

   a. chile con carne y queso   **b.** garbanzos con chile

5. Alicia va a Santa Fe _____.

   a. mañana   **b.** en una semana

Realidades Ⓑ

Capítulo 5B

Nombre _____

Hora _____

Fecha _____

Examen 5B, Page 5

C. Escribir (___ /___ puntos)

As an officer in the Spanish Club, you are helping organize "La Cena Internacional," which is tomorrow night. Write sentences about five classmates who are coming to the dinner and at what time and what kind of food each person is bringing. Do not use the same food more than once.

> **Your writing will be graded on:**
> • completion of the writing task.
> • the variety of vocabulary used.
> • accurate use of newly learned vocabulary and grammar points.

Modelo *David viene a las cinco. Trae los espaguetis.*

1. _____

2. _____

3. _____

4. _____

5. _____

D. Hablar (___ /___ puntos)

Think of two of your friends or relatives. Describe the physical characteristics of each person, including height, hair color and length, and his or her approximate age.

> **Your descriptions will be graded on:**
> • fluency—speaking with little hesitation.
> • completion of the task.
> • pronunciation.

E. Cultura (___ /___ puntos)

What have you learned about Mexican mealtimes? Explain the differences between mealtimes in Mexico and in the U.S.

_____

_____

_____

_____

Realidades B

Capítulo 6A

Nombre _____

Hora _____

Fecha _____

Examen 6A, Page 1

EXAMEN DEL CAPÍTULO, 6A

PARTE I: Vocabulario y gramática en uso

A. (___ / ___ *puntos*) Write the names of the items in the corresponding spaces. Then use **más** or **menos** to complete the sentences comparing each pair of items below. Follow the model.

1. _____ 2. _____ 3. _____ 4. _____

5. _____ 6. _____ 7. _____ 8. _____

9. _____ 10. _____

Modelo La lámpara es _____*más*_____ grande que el cuadro.

1. La cómoda es _____ grande que el espejo.

2. El cuadro es _____ grande que el armario.

3. El despertador es _____ grande que la mesita.

4. Las cortinas son _____ grandes que la cama.

Realidades B

Capítulo 6A

Nombre _____

Fecha _____

Hora _____

Examen **6A**, Page 2

B. (___ /___ *puntos*) Write a complete sentence telling which of the items in each group is the head of the category, in your opinion. Follow the model.

Modelo la alfombra / el video / el libro   (posesión / grande)
          La alfombra es la posesión más grande.

1. la cama / el video / el cuadro   (cosa / práctica)

_____

2. el armario / el cuadro / el libro   (cosa / bonita)

_____

3. el televisor / el lector DVD / el despertador   (posesión / importante)

_____

4. el video / el disco compacto / la revista   (posesión / interesante)

_____

C. (___ /___ *puntos*) Carmen is showing Marilena around her new house. Complete her comments by circling the correct forms of the verbs **poder** and **dormir**.

Aquí estamos en mi dormitorio. Mis padres **1** (**puede** / **duermen**) en el

dormitorio de la izquierda y mi hermanita **2** (**puedes** / **duerme**) en el

dormitorio de la derecha. Todos nosotros **3** (**puedo** / **dormimos**) muy bien.

¿**4** (**Puedo** / **Duermes**) en tu propio dormitorio también? Me gusta tener mi

propio dormitorio, porque entonces yo **5** (**puedo** / **duermes**) leer hasta muy

tarde. Mi hermanita no **6** (**puede** / **dormimos**) dormir si hay luz. Es bueno

tener dos dormitorios, porque así nosotras **7** (**podemos** / **duermo**) leer o

dormir cuando queremos.

Realidades B

Capítulo 6A

Nombre _____

Hora _____

Fecha _____

Examen **6A**, Page 3

PARTE II: Comunicación y cultura

A. Escuchar (___ /___ *puntos*)

You will be spending a month in a Spanish Immersion Camp next summer. You go to their Web site to find out what the accommodations are like. As you listen to the audio descriptions, determine which items are provided and which items you would have to bring with you. Fill in the grid below by writing a check mark in the appropriate column. You will hear each set of statements twice.

	No tengo que traer...	Tengo que traer...

Realidades B

Capítulo 6A

Nombre

Hora

Fecha

Examen 6A, Page 4

B. Leer (___ /___ *puntos*)

A recent magazine article claims that the colors of the walls in a bedroom should match the personality of the person who lives there. Read the article and then answer the "interior decorator" questions that follow by circling the correct answer.

¿Es importante el color de la pared? Según un estudio de la Universidad Nacional, es MUY importante. A las personas sociables les gustan los dormitorios con paredes amarillas. El amarillo es un color muy popular para las personas a quienes les gusta hablar por teléfono. ¿Qué color para los jóvenes estudiosos? El color anaranjado es mejor. Una persona puede concentrarse y estudiar mejor con las paredes anaranjadas. ¿Para quién es un dormitorio con paredes azules? El color azul es para las personas que lo necesitan todo tranquilo y calmado. Es el mejor color para las personas que no duermen bien. El color morado es mejor para las personas misteriosas. Es difícil comprender a las "personas moradas". Un día están contentas, pero otro día están muy tristes. Pueden ser sentimentales y prácticas al mismo tiempo. Las personas románticas prefieren las paredes rosadas. Pueden escribir poemas románticos y les gusta leer novelas románticas. A las personas deportistas les gusta un dormitorio marrón. Es otro color de la naturaleza.

¿Cuál es el color perfecto para...

1. una mujer a quien le gusta hablar y que tiene muchas amigas?

   (**morado** / **amarillo**)

2. una joven a quien le gusta estudiar en su dormitorio? (**anaranjado** / **verde**)

3. un hombre que no puede dormir bien?

   (**verde** / **azul**)

4. un joven que puede ser gracioso y serio al mismo tiempo? (**morado** / **azul**)

5. una joven que cree que el Día de San Valentín es el mejor día del año?

   (**negro** / **rosado**)

6. una joven a quien le gusta practicar muchos deportes? (**amarillo** / **marrón**)

Realidades B

Capítulo 6A

Nombre _____

Hora _____

Fecha _____

Examen 6A, Page 5

C. Escribir (___ /___ puntos)

Choose a sibling's bedroom or a bedroom from a TV show that you know well. You will write a summary of how that bedroom is similar to or different from your bedroom. First, organize your thoughts in the chart below. Then, write at least four comparisons or contrasts below the chart.

> **Your work will be graded on:**
> • completion of the chart.
> • how many comparisons and contrasts you include.
> • accurate use of newly learned vocabulary and grammar points.

	Mi dormitorio	Su dormitorio	Los dos dormitorios
Color			
Size			
Furniture			
Things on the wall			

_____

_____

_____

_____

_____

_____

_____

_____

Realidades B

Capítulo 6A

Nombre _____

Hora _____

Fecha _____

Examen 6A, Page 6

D. Hablar (___ /___ *puntos*)

Tell your teacher about the size and color of your room, the things that are on the wall, the things you have in your room, whether you share your room, what you're able to do in your room, etc.

> **Your presentation will be graded on:**
> • how much detail you provide in your answers.
> • your conversational interaction (responses to comments and questions) with your teacher.

E. Cultura (___ /___ *puntos*)

What is a luminaria?

_____

_____

Write two sentences about the history behind these decorations.

1. _____

   _____

2. _____

   _____

EXAMEN DEL CAPÍTULO, 6B

PARTE I: Vocabulario y gramática en uso

A. (___ /___ *puntos*) Look at the drawing of the house. Then, list the three rooms on the first floor and the three rooms on the second floor in the spaces provided.

La planta baja:

_____   _____   _____

El primer piso:

_____   _____   _____

Realidades B

Capítulo 6B

Nombre _____

Hora _____

Fecha _____

Examen 6B, Page 2

B. (___ /___ *puntos*) Look at the drawings below. Then, complete the sentence using forms of the present progressive tense. Follow the model.

Modelo  Uds. ___*están lavando*___ el coche.

1.  Nosotros _____ la basura.

2.  Tú _____ los platos.

3.  Uds. _____ el baño.

C. (___ /___ *puntos*) Sra. Mendoza has left a list of household chores for each of her children. Look at the list and then write her requests, using **tú** command forms.

Los quehaceres para hoy
Alberto: (cortar) _____ el césped,
(cocinar) _____ el almuerzo
Enrique: (hacer) _____ las camas,
(pasar) _____ la aspiradora en la sala
Marta: (poner) _____ la mesa,
(quitar) _____ el polvo

Realidades B

Capítulo 6B

Nombre _____

Hora _____

Fecha _____

Examen 6B, Page 3

PARTE II: Comunicación y cultura

A. Escuchar (___ /___ *puntos*)

Listen as these inventive teens give reasons for not doing what their moms have asked them to do. In the grid on your answer sheet, place a check mark in the column that has a picture of the chore that the teen is asked to do. You will hear each conversation twice.

Los quehaceres						
Jorge						
Susi						
Paco						
Clara						
Miguel						
José						

Now, name three chores in Spanish that the teens in this activity were asked to do.

1. _____

2. _____

3. _____

Realidades **B**

Capítulo 6B

Nombre

Fecha

Hora

Examen 6B, Page 4

B. Leer (___ / ___ puntos)

Some of your family's friends are moving to Spain for a year and ask you to help them find the perfect house while they are there. Each has told you what type of house he or she wants. Read the ads below and write the number of the ad that best matches each person's preferences.

A _____

B _____

C _____

#1	#2	#3
Maravilloso para una persona que trabaja en casa. Tiene un despacho al lado del dormitorio. Está muy cerca de la biblioteca pública. Tiene un piso con un dormitorio y una cocina grande. Si le gusta nadar, hay una piscina al lado.	Este lugar (*This place*) fantástico de dos pisos es ideal para una persona a quien le gusta vivir bien. Hay un café muy famoso muy cerca. Si le gusta leer, la ventana principal es perfecta. Puede ver el parque perfectamente desde allí. Hay dos dormitorios y una cocina pequeña.	¿Tiene Ud. muchos amigos a quienes les gusta visitar? Este lugar es perfecto para Ud. Para las fiestas hay una sala muy grande y dos baños. Hay un cine muy cerca.

Realidades B

Capítulo 6B

Nombre _____

Hora _____

Fecha _____

Examen 6B, Page 5

C. Escribir (___ /___ *puntos*)

What do people need to do to keep their homes clean? Write at least four sentences.

> **Your writing will be graded on:**
> - **the number of chores you include.**
> - **accurate spelling and accurate use of newly learned vocabulary and grammar points.**

Las personas deben...

_____

_____

_____

_____

_____

_____

D. Hablar (___ /___ *puntos*)

Tell your teacher what your favorite and least favorite household chores are. You should mention at least five chores, and whether you like or dislike doing them. Give reasons why you feel the way you do about your chores. You could begin by saying something like, **Me gusta dar de comer al perro porque...**

> **Your presentation will be graded on:**
> - **how many chores you describe.**
> - **the variety of vocabulary used.**
> - **fluency (speaking without much hesitation) and pronunciation.**

Realidades B

Capítulo 6B

Nombre

Fecha

Hora

Examen 6B, Page 6

E. Cultura (___ /___ *puntos*)

List three characteristics of a typical house in a Spanish-speaking country.

1. _____

2. _____

3. _____

How do houses in your neighborhood compare with a typical house in a Spanish-speaking country?

_____

_____

_____

Realidades B

Capítulo 7A

Nombre _____

Hora _____

Fecha _____

Examen **7A**, Page 1

EXAMEN DEL CAPÍTULO, 7A

PARTE I: Vocabulario y gramática en uso

A. *(___ /___ puntos)* You are standing outside this store window with a friend, pointing out the items of clothing and discussing how much they cost. Complete the sentences by writing out the numbers indicated to tell how much the items cost. Follow the model.

Modelo ($15) Esa camisa cuesta _____*quince*_____ dólares.

1. ($35) Esos pantalones cuestan _____ dólares.

2. ($200) Ese traje cuesta _____ dólares.

3. ($80) Esas botas cuestan _____ dólares.

4. ($50) Ese vestido cuesta _____ dólares.

5. ($18) Esa blusa cuesta _____ dólares.

6. ($25) Esa falda cuesta _____ dólares.

Realidades **B**

Capítulo 7A

Nombre _____

Fecha _____

Hora _____

Examen 7A, Page 2

B. (___ /___ *puntos*) Look at the items indicated. For each pair of clothing, complete the sentence using the cues and the correct form of *this/that* or *these/those*. The arrow shows which item the person wants or prefers. Assume that the larger item is closer, and the smaller one is farther away. Follow the model.

Modelo   Nosotros queremos _____*esta*_____ camisa.

1.   Tú prefieres _____ pantalones.

2.   Elena quiere _____ vestido.

3.   Nosotros preferimos _____ zapatos.

4.   Yo quiero _____ abrigo.

C. (___ /___ *puntos*) Mario and Sara are talking about what to wear to the party tonight. Complete their conversation with the correct forms of the verbs in parentheses.

MARIO: Oye, Sara, ¿qué **1** _____ (**pensar**)? ¿Te gusta este suéter?

SARA: Sí, me gusta, pero es un poco formal para la fiesta. Yo
2 _____ (**preferir**) esta camiseta roja para ti.

MARIO: Bueno, tienes razón. ¡No **3** _____ (**querer**) estar demasiado elegante!

SARA: Marta y yo **4** _____ (**pensar**) que no es necesario llevar un vestido
o pantalones formales. Nosotras **5** _____ (**preferir**) llevar jeans.

MARIO: Entonces, aquí Uds. **6** _____ (**preferir**) llevar ropa informal
a las fiestas, ¿no?

SARA: Sí, generalmente. Marta viene a las ocho y ella **7** _____ (**querer**)
llegar (*arrive*) a la fiesta a las ocho y media. ¿Tú **8** _____ (**querer**)
ir a la fiesta con nosotras?

MARIO: Pues, si Uds. **9** _____ (**pensar**) que no es un problema entonces yo
voy con Uds.

SARA: ¡Claro que sí!

Realidades B

Capítulo 7A

Nombre _____

Hora _____

Fecha _____

Examen 7A, Page 3

PARTE II: Comunicación y cultura

A. Escuchar (___ /___ puntos)

Listen as people explain to a clerk in a department store why they are returning or exchanging items they received as gifts. Identify what they are returning (**la ropa**) and write in the name of the item in the grid below. You will hear each conversation twice.

	La ropa
1	
2	
3	
4	
5	

B. Leer (___ /___ puntos)

Read the clothing orders below. Then, answer the questions that follow by writing **C** for **cierto** and **F** for **falso**.

LOS PEDIDOS (THE ORDERS)

Descripción del artículo	Talla (size)	Cantidad (quantity)	Color	Precio
suéter	grande	uno	gris	trescientos pesos
sudadera	pequeña	dos	roja/azul	cuatrocientos pesos
traje de baño	grande	uno	amarillo	trescientos cincuenta pesos
vestido	extra grande	uno	negro	quinientos pesos
calcetines	pequeños	dos	blancos	ciento cincuenta pesos
falda	extra pequeña	tres	negra/roja/gris	setecientos pesos

¿Cierto o falso?

1. Probablemente todos los artículos en este pedido son para un hombre. _____

2. Una falda cuesta más que un vestido. _____

3. La persona que quiere la falda es más pequeña que la persona que quiere el vestido.

   _____

4. Probablemente los calcetines son para un chico. _____

5. Toda la ropa es para la misma persona. _____

6. Probablemente el suéter y las sudaderas son para la misma persona. _____

Realidades B

Capítulo 7A

Nombre _____

Fecha _____

Hora _____

Examen 7A, Page 4

Now, circle the items that were NOT in the order.

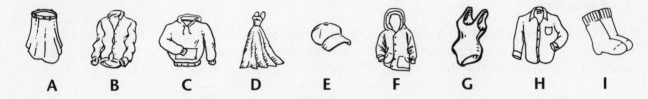

A   B   C   D   E   F   G   H   I

C. Escribir (___ /___ puntos)

On the Internet you find an online catalog service from Mexico. You think it would be fun to order Christmas gifts for your friends and family from this Web site. Complete the form to order the following gifts. Some have been filled in for you.

1. One red coat, size small
2. One pair of black boots, size large
3. Three pairs of gray socks, size large
4. One baseball cap, yellow and black, size small
5. Two shirts, one blue and one white, size large

EL PEDIDO

	ARTÍCULO Y COLOR	CANTIDAD	TALLA
Modelo	Una blusa blanca / una blusa azul	Dos	Grandes
1.		Uno	
2.	Unas botas negras		
3.			
4.			Pequeña
5.		Dos	

> **Your writing will be graded on:**
> - accurate completion of the list.
> - correct agreement of nouns and adjectives.

Realidades **B**

Capítulo 7A

Nombre _____

Fecha _____

Hora _____

Examen 7A, Page 5

D. Hablar (___ / ___ *puntos*)

Imagine you are going clothes shopping tonight. Describe at least three items you will buy. You should mention the type of clothing, the color, the size, and the estimated cost of each item. Start by saying **Voy a comprar... .**

> Your presentation will be graded on:
> - how many clothing items you accurately describe.
> - how much information you give about each clothing item.
> - accurate use of newly learned vocabulary and grammar points.

E. Cultura (___ / ___ *puntos*)

Explain what a **mola** is, how it is made, and what the colorful designs represent.

_____

_____

_____

_____

_____

_____

Realidades Ⓑ

Capítulo 7B

Nombre _____

Fecha _____

Hora _____

Examen **7B**, Page 1

EXAMEN DEL CAPÍTULO, 7B

PARTE I: Vocabulario y gramática en uso

A. (___ /___ *puntos*) Look at the drawings below. Write the name of the item shown to complete the sentences telling what people bought yesterday. Follow the model.

Modelo   Ayer tú compraste ___*las botas*___ .

1. Ayer yo compré _____ .

2. Ayer nosotros no compramos _____ .

3. Ayer Uds. no compraron _____ .

4. Ayer ella compró _____ .

5. Ayer ellos no compraron _____ .

B. (___ /___ *puntos*) Now, read the sentences you completed for **Part A**, and replace the name of the item shown with the correct direct object pronoun. Follow the model.

Modelo   Tú ___*las*___ compraste.

1. Ayer yo _____ compré.

2. Ayer nosotros no _____ compramos.

3. Ayer Uds. no _____ compraron.

4. Ayer ella _____ compró.

5. Ayer ellos no _____ compraron.

Realidades **B**

Capítulo 7B

Nombre _____

Hora _____

Fecha _____

Examen 7B, Page 2

C. (___ /___ *puntos*) Look at the items shown. Then, circle the correct form of the verb to say what the people did with these items yesterday.

1.  Luisa (**compró** / **compramos**) unos aretes.

2.  Yo (**buscó** / **busqué**) un anillo.

3.  Nosotros (**escuché** / **escuchamos**) discos compactos.

4.  Yo (**jugué** / **jugaron**) al tenis.

5.  Sebastián (**sacamos** / **sacó**) fotos.

Realidades B

Capítulo 7B

Nombre _____

Fecha _____

Hora _____

Examen 7B, Page 3

PARTE II: Comunicación y cultura

A. Escuchar (___ /___ *puntos*)

Listen as people discuss the presents they bought for Cristina's **quinceañera** celebration in Mexico City. As you listen, identify how much each gift cost. On the grid below, write the price (in numbers) that the person paid for the gift. You will hear each set of statements twice. The first one has been done for you.

¿Cuánto pagó por el regalo?	300				

B. Leer (___ /___ *puntos*)

While surfing on the Internet, you see the home page of two online stores. Read their promotions and answer the questions below by circling the appropriate letter.

TIENDA GALERÍAS

¿Buscan Uds. ropa deportiva? Este mes todos nuestros clientes reciben como regalo una gorra de béisbol cuando compran una chaqueta deportiva. Cuando compran una chaqueta y una sudadera con pantalones cortos, reciben también unos calcetines de su color favorito. Tenemos un descuento del 20% en los anteojos de sol y las carteras. ¡Gracias por comprar en nuestra tienda!

TIENDA FILINA

¿Busca Ud. algo especial para una fiesta? Tenemos vestidos elegantes para combinar (*to combine*) con zapatos fabulosos y bolsos maravillosos. Todos nuestros clientes reciben un descuento del 10% por todo. Si compra Ud. unos aretes en el mes de noviembre o diciembre, va a recibir una botella de nuestro perfume nuevo, "Medianoche". Tenemos todo para su noche especial.

---

1. Probablemente, la Tienda Galerías es una tienda para

   a. las personas talentosas   **b.** las personas intelectuales   **c.** las personas deportivas

2. ¿Qué tienes que comprar para recibir de regalo una gorra de béisbol?

   a. una cartera   **b.** una chaqueta deportiva   **c.** unos anteojos de sol

3. Probablemente, la Tienda Filina es una tienda para

   a. las mujeres   **b.** los hombres   **c.** las personas deportistas

4. Hay un descuento por todo en

   a. la Tienda Galerías   **b.** la Tienda Filina   **c.** las dos tiendas

5. ¿Qué tienes que comprar para recibir de regalo un perfume?

   a. un vestido   **b.** unos zapatos   **c.** unos aretes

Realidades **B**

Capítulo 7B

Nombre _____

Hora _____

Fecha _____

Examen 7B, Page 4

C. Escribir (___ /___ *puntos*)

How did you spend your money during the past few months? In a brief paragraph, describe at least two new clothing items or accessories you bought. Also mention where you bought them and how much you paid for them.

> **Your paragraph will be graded on:**
> • **completion of the assigned task.**
> • **how many details you provide about clothing or accessories.**
> • **accurate spelling and accurate use of newly learned vocabulary and grammar points.**

_____

_____

_____

_____

_____

_____

D. Hablar (___ /___ *puntos*)

Tell your teacher about a gift you recently bought for someone. Mention for whom you bought it, where you bought it, and how much you paid for it.

> **Your presentation will be graded on:**
> • **how much detail you provide.**
> • **accurate use of newly learned vocabulary and grammar points.**

Realidades Ⓑ

Capítulo 7B

Nombre _____

Fecha _____

Hora _____

Examen 7B, Page 5

E. Cultura (___ / ___ *puntos*)

You meet the Chilean exchange student at the mall at 4:00 P.M. You're surprised to find out that he told his family he would be back home by 5:00 P.M. Based on what you have learned in this chapter, what would explain why he thought he could be back home in an hour?

_____

_____

_____

_____

Realidades B

Capítulo 8A

Nombre _____

Fecha _____

Hora _____

Examen **8A**, Page 1

EXAMEN DEL CAPÍTULO, 8A

PARTE I: Vocabulario y gramática en uso

A. (___ /___ *puntos*) Say where the people indicated went during their vacations by circling the correct preterite forms of the verb **ir**.

1. Mi familia y yo (**fuimos** / **fue**) al zoológico.

2. Miguel (**fue** / **fuimos**) al parque de diversiones.

3. Mis amigos (**fueron** / **fue**) al parque nacional Yellowstone.

4. Tú (**fuiste** / **fui**) al museo.

5. Yo (**fui** / **fuiste**) al teatro.

B. (___ /___ *puntos*) Complete the sentences by indicating the activities each person learned how to do, using the pictures provided.

1. Nina y su hermana aprendieron a _____ en el mar.

2. Yo aprendí a _____ en un parque nacional.

3. Rebeca aprendió a _____ en un lago.

4. Tú aprendiste a _____ de monumentos.

5. Ud. aprendió a _____ en las montañas.

Realidades B

Capítulo 8A

Nombre _____

Fecha _____

Hora _____

Examen 8A, Page 2

C. (___ / ___ *puntos*) Say what the people in the drawing did yesterday, using the verbs given.

1. (descansar) La chica con la bicicleta _____.

2. (jugar) Los tres amigos _____ al fútbol.

3. (comer) Los pájaros _____ el pan.

4. (pasear) El hombre y la mujer _____ en bote.

5. (correr) La joven y los dos jóvenes _____.

D. (___ / ___ *puntos*) Laura just got back from her vacation. Fill in the blanks with the personal **a**, *if needed*, to tell about the people, animals, and things she saw.

1. Laura vio _____ un actor famoso.

2. Vio _____ unos monos en el zoológico.

3. Vio _____ un monumento grande en el centro de la ciudad.

4. Vio _____ dos amigos de Los Ángeles.

5. Vio _____ unas personas que tocan en una banda de música rock.

Realidades Ⓑ

Capítulo 8A

Nombre _____

Fecha _____

Hora _____

Examen 8A, Page 3

PARTE II: Comunicación y cultura

A. Escuchar (___ / ___ puntos)

Listen as people talk about their most recent vacation site. Then, circle the name of the person that went on that vacation. You will hear each set of statements twice.

LUGAR	NOMBRE
	(Elena / Sara)
	(Rodrigo / Carlos)
	(Alejandro / Carlos)
	(Elena / Sara)
	(Alejandro / Rodrigo)

Realidades Ⓑ

Capítulo 8A

Nombre _____

Fecha _____

Hora _____

Examen 8A, Page 4

B. Leer (___ / ___ *puntos*)

Read the postcard Miguel sent to a friend while he was traveling in Costa Rica with his family. As you read it, look for details about where he went, what he liked and disliked doing, and some of the things he saw. Then, answer the questions below.

> ¡Hola! Estoy aquí en Costa Rica con mi familia para visitar a mis abuelos. Salimos de Houston hace una semana y estamos aquí por una semana más. Anoche mi abuelo y yo compramos unos boletos para ver una comedia en el Teatro Nacional en San José. Ayer salí de la ciudad a las seis de la mañana para montar a caballo por las montañas. Vi un lago magnífico y un volcán activo. No me gustó mi caballo porque no corrió mucho. Pero el parque nacional fue muy impresionante.
>
> Chao,
> Miguel

Answer the following questions by circling the letter of the best response.

1. ¿Por qué fueron Miguel y su familia a Costa Rica?

   a. para montar a caballo   **b.** para visitar a los abuelos

2. ¿De dónde es Miguel?

   a. de San José   **b.** de Houston

3. ¿Por cuánto tiempo va a viajar su familia por Costa Rica?

   a. dos semanas   **b.** diez días

4. ¿Quienes fueron al teatro?

   a. toda la familia   **b.** Miguel y su abuelo

Realidades **B**

Capítulo 8A

Nombre _____

Fecha _____

Hora _____

Examen 8A, Page 5

5. ¿Cómo vio Miguel las montañas y el lago?

   a. en avión   **b.** a caballo

6. ¿Qué no le gustó a Miguel?

   a. el caballo   **b.** el hotel

C. Escribir (___ /___ puntos)

Use your imagination and choose an animal to be a character for a short children's tale about the animal and its travels. Give the animal a name, such as **Óscar Oso**, and write as much detail as you can. Include the following: where the animal went, what it did, what it saw, and what it ate during the trip.

> **Your tale will be graded on:**
> - **the amount of detail included in the narrative.**
> - **completion of all four story elements.**
> - **accurate use of vocabulary and the past tense.**

_____

_____

_____

_____

_____

_____

_____

_____

_____

_____

Realidades B

Capítulo 8A

Nombre _____

Fecha _____

Hora _____

Examen 8A, Page 6

D. Hablar (___ /___ *puntos*)

Tell your teacher about your best vacation. Begin your presentation by telling where you went. Also mention activities you did and things you saw. You can talk about your ideal vacation if you prefer.

> **Your presentation will be graded on:**
> - **pronunciation and fluency (your ability to speak without much hesitation).**
> - **accurate use of new vocabulary and the preterite tense.**

E. Cultura (___ /___ *puntos*)

Based on this chapter, name a traditional Mexican handicraft. Write at least two things about this popular art form.

_____

_____

_____

_____

Realidades B

Capítulo 8B

Nombre _____

Hora _____

Fecha _____

Examen **8B**, Page 1

EXAMEN DEL CAPÍTULO, 8B

PARTE I: Vocabulario y gramática en uso

A. (___ /___ *puntos*) Students are collecting recyclables and taking them to their local recycling center. Match the words below to the objects pictured.

periódicos	latas	cajas	vidrio	plástico	botellas

1. Vamos a llevar estas _____ al centro de reciclaje.

2. Debemos llevar los _____ también.

3. Vamos a poner el _____ aquí.

4. Aquí tengo unas _____ en la bolsa.

5. Es importante también separar las _____ de cartón.

6. Tenemos que llevar el _____ y eso es todo.

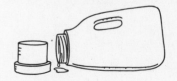

Realidades Ⓑ

Capítulo 8B

Nombre _____

Fecha _____

Hora _____

Examen **8B**, Page 2

B. (___ /___ *puntos*) Some people are telling others of the importance of doing volunteer work in their community. Fill in the blanks with the correct indirect object pronoun. Follow the model.

Modelo   Mi padre _____*le*_____ dice a mi hermana que es importante reciclar.

1. Mi profesora de ciencias _____ dice a mí que es necesario recoger la basura de las calles.

2. Tú _____ dices a tu novio que quieres ayudar a los demás.

3. Yo _____ digo a mis padres que debemos dar nuestros juguetes a los niños pobres.

4. Mi mamá _____ dice a sus amigas que trabajar con ancianos es una experiencia inolvidable.

5. Nosotros _____ decimos al presidente que es importante ayudar a los demás.

6. Los profesores _____ dicen a ti que debes decidir cómo puedes ayudar.

7. Yo _____ digo a la clase que es necesario hacer trabajo voluntario.

C. (___ /___ *puntos*) Mauricio is talking about his experiences working as a volunteer. Complete his story by circling the correct preterite forms of the verbs **hacer** or **dar**.

Me gusta trabajar como voluntario. El año pasado, yo **1** (**hizo** / **hice**) unos proyectos de construcción para la comunidad. Una vez, mis amigos y yo **2** (**hicimos** / **hizo**) trabajo voluntario en un centro de reciclaje de un barrio pobre. Varias personas de la comunidad nos **3** (**dio** / **dieron**) mucha ayuda con el proyecto. Un supermercado nos **4** (**di** / **dio**) unas cajas para separar el vidrio, el plástico, el cartón y el papel. Mi familia también **5** (**hizo** / **hiciste**) otro trabajo voluntario. Nosotros **6** (**hice** / **hicimos**) un jardín público para la comunidad. Un amigo nos **7** (**di** / **dio**) unas plantas para el jardín y todos trabajamos para plantarlas.

Realidades B

Capítulo 8B

Nombre _____

Hora _____

Fecha _____

Examen 8B, Page 3

PARTE II: Comunicación y cultura

A. Escuchar (___ /___ puntos)

Listen as people report the service projects they did last week. Identify what each person did. Then, write the number of the person on the line next to the corresponding activity. You will hear each set of statements twice.

____ **(a)** helped older people

____ **(b)** worked on a recycling project

____ **(c)** worked as a volunteer in a hospital

____ **(d)** worked as a volunteer in a school

____ **(e)** worked on a construction project

B. Leer (___ /___ puntos)

Read the report that was submitted to the members of the Spanish Club describing what members contributed to various organizations and individuals. Then, circle what each member donated. Follow the model.

El Club de Español
Informe
presentado por Juana Esquivel, el ocho de noviembre

Modelo   Julia les dio unas lecciones de piano a dos niños en una escuela primaria.
(⟨lessons⟩ / food)

1. Alejandro, Luis y Marco hicieron un escritorio y un estante. Se los dieron a un estudiante pobre. (**clothing** / **furniture**)

2. Marta y Susana decidieron dar lecciones de baile a las niñas de quinto grado de la escuela que queda cerca de nosotros. (**lessons** / **cash**)

3. Javier les dio diez camisetas a los chicos del hospital. (**clothing** / **food**)

4. Miguel, Clara, Eva, Jaime y Mario les dieron guantes y abrigos a los hijos de una familia muy grande de nuestra comunidad. (**cash** / **clothing**)

5. Luz dio veinte dólares al hospital para un programa especial para los niños.
(**lessons** / **cash**)

6. Patricio les dio veinte comidas de arroz con pollo a los ancianos del Centro del Mar.
(**food** / **lessons**)

7. Elisa y su padre hicieron una cómoda para una casa hecha por voluntarios.
(**clothing** / **furniture**)

8. Roberto le dio unas lecciones de guitarra a un niño de la comunidad.
(**lessons** / **cash**)

9. Sara cocinó diez pasteles para los ancianos. (**cash** / **food**)

Realidades B

Capítulo 8B

Nombre _____

Hora _____

Fecha _____

Examen 8B, Page 4

C. Escribir (___ /___ puntos)

Write six commands to a person who wants to help his or her community. For example, you might begin with **Recicla...** or **Recoge...** .

> **Your writing will be graded on:**
> - how many suggestions you give.
> - completion of the task.
> - the variety of vocabulary you use.
> - accurate use of newly learned vocabulary and grammar points.

1. _____

2. _____

3. _____

4. _____

5. _____

6. _____

D. Hablar (___ /___ puntos)

Tell your teacher about some things that people can do as volunteer work. Mention at least five things.

> **Your interview will be graded on:**
> - the amount of information about volunteer work given.
> - pronunciation and fluency.

E. Cultura (___ /___ *puntos*)

As you have read in this chapter, teens in many Spanish-speaking countries are often involved in their communities as volunteers. Do they seem to be involved in the same or different causes as teens in the U.S.? How is their involvement similar or different?

_____

_____

_____

_____

_____

_____

_____

This page intentionally left blank.

Realidades **B**

Capítulo 9A

Nombre _____

Fecha _____

Hora _____

Examen 9A, Page 1

EXAMEN DEL CAPÍTULO, 9A

PARTE I: Vocabulario y gramática en uso

A. (___ /___ *puntos*) Look at the movie posters and write what kind of movie is represented.

1. _____
   _____

2. _____
   _____

3. _____
   _____

4. _____
   _____

5. _____
   _____

B. (___ /___ *puntos*) Look at the drawings and complete the sentences saying what the people shown just finished doing. Follow the model.

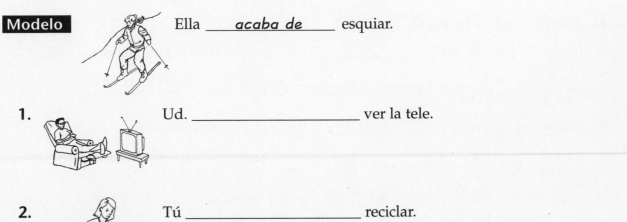

| Modelo | Ella ___*acaba de*___ esquiar. |

1. Ud. _____ ver la tele.

2. Tú _____ reciclar.

Realidades Ⓑ

Capítulo 9A

Nombre _____

Hora _____

Fecha _____

Examen 9A, Page 2

3. Nosotros _____ jugar al básquetbol.

4. Ellas _____ ir al cine.

5. Yo _____ lavar el coche.

C. (___ /___ *puntos*) Several students are talking about the television shows they watch. Complete the sentences describing their reactions. Follow the model.

Modelo   (interesar) A Gilda _*le interesan*_ los programas educativos.

1. (encantar) A Lidia y a mí _____ los programas educativos.

2. (interesar) A Beatriz y a ti _____ el programa musical "Sábado gigante".

3. (aburrir) A mí _____ los programas de la vida real.

4. (encantar) A ti _____ el programa de entrevistas.

5. (gustar) A Roberto y a Adela no _____ las noticias.

6. (gustar) A Ud. no _____ la telenovela "Hospital Central".

7. (aburrir) A ti _____ el programa de dibujos animados "Tikitrín".

8. (encantar) A Javier _____ los programas deportivos.

9. (interesar) A Lana _____ el programa de entrevistas.

Realidades B

Capítulo 9A

Nombre _____

Hora _____

Fecha _____

Examen 9A, Page 3

PARTE II: Comunicación y cultura

A. Escuchar (___ /___ *puntos*)

Listen as people tell their opinions about the TV programs they have watched. Circle the word that corresponds to each person's opinion. You will hear each set of statements twice.

1. (interesting / violent)	**2.** (childish / boring)	**3.** (boring / interesting)
4. (childish / violent)	**5.** (interesting / violent)	**6.** (childish / boring)

B. Leer (___ /___ *puntos*)

Read a review of the new season's television programs written by the famous critic, Óscar Orozco. Look for details that show whether the reviewer likes or dislikes a particular show. Then, answer the questions below by circling the letter of the best response.

> *¡Nos dicen que este año tenemos los mejores programas de TV! ¿Los mejores? No estoy de acuerdo. Unos son buenos y otros son horribles. Dime la verdad. ¿Necesitamos otro programa de la vida real? ¡NO! Estos programas tontos son para las personas que no tienen nada que hacer. Acabo de ver el nuevo programa de entrevistas, "Julio". ¡Qué asco! Es horrible. En su primer programa, Julio habló con actores famosos sobre ideas políticas o económicas. ¡Uf! ¡Qué aburrido! Es más interesante hablar de mi gato.*
>
> *Debe hablar sobre sus películas nuevas. Pero hay un programa que empezó en octubre, "El monstruo y yo", que es un programa de ciencia ficción. Cada semana trae una aventura diferente. Anoche, los personajes fueron a buscar un anillo a otro planeta. Fue fascinante. Me gustaría ver más programas como éste. Es de muy buena calidad.*

1. Según Óscar, ¿quiénes ven los programas de la vida real?

   a. las personas que no tienen mucho que hacer **b.** los deportistas

2. ¿Sobre qué habla Julio con los actores en su programa?

   a. el presidente de los Estados Unidos   **b.** sus películas

3. ¿Qué clase de programas le aburren a Óscar?

   a. los programas de entrevistas   **b.** los programas de ciencia ficción

4. ¿Cuál es el mejor programa este año?

   a. el programa de entrevistas   **b.** el programa de ciencia ficción

5. ¿Cuántos de los programas nuevos le gustan a Óscar?

   a. uno de los tres   **b.** tres

C. Escribir (___ /___ *puntos*)

Write about the last movie you saw. Mention the name of the movie, the type of movie, and what you liked or disliked about it. Give as many details as you can.

> **Your writing will be graded on:**
> - **how much information you provide to support your opinion of the movie.**
> - **accurate spelling and accurate use of newly learned vocabulary.**
> - **the variety of expressions and vocabulary you use.**

Name of movie: _____

Type of movie: _____

Details: _____

_____

_____

_____

_____

D. Hablar (___ /___ *puntos*)

Tell your teacher about something you just saw on TV or at the movies and express your opinion about it. Then, ask if your teacher saw the same thing and what he or she thought about it.

> **Your conversation will be graded on:**
> - **how much information you provide to support the opinion of the movie or TV program.**
> - **your ability to sustain a natural conversation with additional questions and comments.**
> - **pronunciation and fluency.**

E. Cultura (___ /___ *puntos*)

Look at each of the drawings depicting gestures used in Spanish-speaking countries. Choose three drawings and write what they mean in English.

1. _____

2. _____

3. _____

4. _____

5. _____

Realidades Ⓑ

Capítulo 9B

Nombre _____

Hora _____

Fecha _____

Examen **9B**, Page 1

EXAMEN DEL CAPÍTULO, 9B

PARTE I: Vocabulario y gramática en uso

A. (___ /___ *puntos*) Read the sentences below. Pay attention to the verbs because they indicate what each person is doing on the computer. Fill in the blanks with the correct missing vocabulary word.

diapositivas	composición	sitio Web
información	canción	tarjeta
salón	gráfico	correo

1. Miguel está creando _____, usando fotos y dibujos, para su presentación.

2. Ana tiene que escribir una _____ para su clase de inglés.

3. Rafael está navegando en la Red. Está buscando un _____ _____ sobre los problemas ecológicos en México.

4. Marta acaba de bajar _____ que va a usar en su presentación sobre unos artistas sudamericanos.

5. Carmen va a grabar una _____ en un disco compacto.

6. Yolanda le va a enviar una _____ de cumpleaños a su mejor amiga.

7. Ricardo va a visitar un _____ de chat para conocer a personas de otros lugares.

8. Joaquín está haciendo un _____ para representar para qué usan más sus amigos la computadora.

9. La abuela de Lola le está escribiendo por _____ electrónico para decirle que viene a visitarla en un mes.

Realidades B

Capítulo 9B

Nombre _____

Hora _____

Fecha _____

Examen 9B, Page 2

B. (___ /___ *puntos*) Complete these sentences telling what the first person asks for, and what the second person serves instead. Use forms of **pedir** and **servir** in the blanks.

1. Yo _____ uvas pero tú me sirves helado.

2. Ud. _____ un sándwich pero nosotros le servimos huevos.

3. Nosotros pedimos una ensalada de frutas pero Uds. nos _____ pastel.

4. Tú pides cereal pero yo te _____ tocino.

C. (___ /___ *puntos*) Look at the list of people, places, and activities below. Would you use **saber** or **conocer** for each one? Circle the correct response.

¿Persona, lugar o actividad?

1. grabar un disco compacto (**saber** / **conocer**)

2. usar una cámara digital (**saber** / **conocer**)

3. un amigo de Bill Gates (**saber** / **conocer**)

4. Seattle y Vancouver (**saber** / **conocer**)

5. escribir por correo electrónico (**saber** / **conocer**)

6. el parque nacional Yosemite (**saber** / **conocer**)

7. un actor famoso (**saber** / **conocer**)

8. navegar en la Red (**saber** / **conocer**)

9. mi dirección electrónica (**saber** / **conocer**)

Realidades **B**

Nombre _____

Hora _____

Capítulo 9B

Fecha _____

Examen 9B, Page 3

PARTE II: Comunicación y cultura

A. Escuchar (___ /___ puntos)

In the school cafeteria, you overhear conversations in which students are expressing their opinions about computers. As they talk, listen for the reason *why* each person either likes or dislikes using the computer. Write the number of the person speaking beneath the picture that illustrates the reason for his or her opinion. You will hear each set of statements twice.

B. Leer (___ /___ puntos)

Read what two girls in an online chat room say about their relationship with their parents. Do they have similar problems? Look at the statements on page 99 and circle **cierto** if it is true and **falso** if it is false.

Tigre:	Mis padres viven en el pasado. Ellos piensan que las personas en los salones de chat son malas. Mi madre no comprende que los salones de chat son para mí como los teléfonos o las cartas son para ella.
Pajarito:	Yo lo comprendo completamente. Mis padres no comprenden que es más divertido hablar con muchos amigos al mismo tiempo en los salones de chat. También es una oportunidad de conocer a otras personas.
Tigre:	Estoy de acuerdo. Yo conocí a una joven a quien le gusta jugar al básquetbol, como a mí. Ella vive en otra ciudad, pero me gusta hablar con ella sobre sus partidos.
Pajarito:	Exactamente. Con los salones de chat, podemos hablar con otros sobre las cosas que nos interesan. Yo vivo en una ciudad MUY pequeña. Gracias a los salones de chat, es como vivir en una ciudad grandísima. Anoche hablé con un chico a quien le gusta grabar discos compactos. Voy a enviarle mi disco compacto favorito y él me va enviar su disco compacto favorito.
Tigre:	Mi padre dice que las computadoras son buenas para bajar información para mis clases, pero no para hablar con amigos. Él me dice que en SU casa, la computadora es para los estudios, no para las fiestas.
Pajarito:	Mucho gusto en conocerte, Tigre.
Tigre:	El gusto es mío, Pajarito.

Realidades B

Capítulo 9B

Nombre _____

Fecha _____

Hora _____

Examen 9B, Page 4

1. Los padres de "Tigre" son muy modernos. (**Cierto** / **Falso**)

2. Los padres de "Tigre" piensan que en los salones de chat hay mucha gente buena. (**Cierto** / **Falso**)

3. A "Pajarito" no le gusta hablar con muchas personas al mismo tiempo. (**Cierto** / **Falso**)

4. A "Tigre" le gusta conocer a jóvenes que juegan al básquetbol. (**Cierto** / **Falso**)

5. "Pajarito" vive en una ciudad bastante grande. (**Cierto** / **Falso**)

6. Según el padre de "Tigre", las computadoras son buenas para una fiesta. (**Cierto** / **Falso**)

C. Escribir (___ /___ *puntos*)

Write about (a) three things you do on the Internet or your computer and (b) what you like about using the Internet/computer.

> **Your profile will be graded on:**
> - the number of statements about your use of the computer/Internet and the accuracy of those statements.
> - the number of statements about what you like about the Internet/computers and the accuracy of those statements.
> - the use of vocabulary related to the computer/Internet.

_____

_____

_____

_____

_____

_____

_____

_____

_____

D. Hablar (___ /___ puntos)

Talk to your teacher about the following with as many examples and details as you can give:

- why a computer with Internet access is a good investment for a family
- why a computer with Internet access is good for high school students at home

> **Your presentation will be graded on:**
> - your ability to address both points with details and examples.
> - accurate use of newly acquired technology vocabulary.
> - fluency and pronunciation.

E. Cultura (___ /___ puntos)

Based on what you know from this chapter, why would having a home computer be considered a luxury for many Spanish-speaking teenagers? Explain how going to a cybercafé can be an inexpensive and fun alternative.

_____

_____

_____

_____

_____

_____

EXAMEN CUMULATIVO II

PARTE I. Vocabulario y gramática en uso

A. (____ /____ *puntos*) Alejandro is writing a letter to Pablo, his friend from Spanish class. Circle the correct preterite verb in parentheses to complete the letter.

Querido Pablo:

    Hoy yo **1** (**pasamos** / **pasé**) todo el día en la Ciudad de México. Primero

2 (**visité** / **visitaste**) las iglesias grandísimas y después **3** (**fui** / **fueron**) al

parque central, que se llama el Zócalo. Allí **4** (**comimos** / **comí**) el almuerzo con mi

amigo Paco y después nosotros **5** (**fuimos** / **fuiste**) al parque zoológico. Nosotros

6 (**vimos** / **vieron**) los monos y muchos otros animales.

    Por la tarde, Ramona, Edgar y yo **7** (**visitó** / **visitamos**) un barrio bonito

de la ciudad, con muchas tiendas y restaurantes, que se llama la Zona Rosa. Yo

8 (**compraste** / **compré**) unas tarjetas postales en una tienda pequeña y ellos

9 (**fueron** / **fui**) a las zapaterías famosas de la ciudad. Después nosotros

10 (**bebí** / **bebimos**) una limonada en un café. Edgar **11** (**habló** / **hablaste**)

inglés con uno de los camareros que **12** (**pasó** / **pasamos**) tres años en Phoenix en la

casa de sus tíos. Ellos **13** (**habló** / **hablaron**) por quince minutos. Edgar y Ramona

14 (**comieron** / **comió**) una pizza pequeña y yo **15** (**escribí** / **escribimos**) de todas

mis experiencias en mis tarjetas.

    Y tú, Pablo, ¿por qué no me **16** (**escribieron** / **escribiste**) una carta?

¿**17** (**Hablaste** / **Hablé**) con nuestra profesora de español sobre mis experiencias

en Cuernavaca hace dos semanas? Si la ves, por favor, dile (*tell her*) que uso mi español

todos los días.

                             Tu mejor amigo,

                             Alejandro

Realidades B

Examen cumulativo II

Nombre _____

Hora _____

Fecha _____

Examen cumulativo II, Page 2

B. (___/___ *puntos*) Complete the sentences below telling about people's opinions. Follow the model.

| Modelo | A Alejandro _le encantan_ (encantar) las películas de horror. |

1. A mi padre no _____ (**gustar**) lavar la ropa.

2. A Luisa _____ (**encantar**) el perfume.

3. A nosotros _____ (**aburrir**) las películas románticas.

C. (___/___ *puntos*) Now, complete the following sentences with the word or phrase indicated by each picture.

1. A Jorge le interesan _____.

2. A mí me faltan _____.

3. A ti te encanta _____.

Realidades **B**

Examen cumulativo II

Nombre _____

Hora _____

Fecha _____

Examen cumulativo II, Page 3

D. (____/____ *puntos*) Elisa is packing her suitcase to return home from Guatemala. Read her sentences and write the correct direct object pronoun (**lo, la, los, las**) in each blank on your answer sheet.

1. Tengo muchos regalos para mi familia. Necesito poner_____ en mi mochila.

2. ¿Dónde está el anillo para mi hermanita? ¿_____ tengo en la mochila?

3. Y todos mis recuerdos, ¿_____ pongo en la mochila o en el bolso?

4. ¿Dónde compré esta blusa para mi mamá? Ah, sí. _____ compré en el mercado la semana pasada.

5. ¿Qué hago con las fotos que saqué durante el viaje? _____ pongo en la mochila también.

Realidades Ⓑ

Examen cumulativo II

Nombre _____

Fecha _____

Hora _____

Examen cumulativo II, Page 4

PARTE II. Comunicación

A. Escuchar (___ / ___ *puntos*)

Listen as Tomás and Marta talk with their father about household chores that need to be done today. Check off whether Tomás or Marta will do the chores. **¡Ojo!** Some tasks may require two check marks. You will hear this conversation twice.

	TOMÁS	MARTA
1.		
2.		
3.		
4.		
5.		
6.		
7.		

Realidades B

Nombre _____

Hora _____

Examen cumulativo II

Fecha _____

Examen cumulativo II, Page 5

B. Escuchar (___/___ *puntos*)

Linda just returned from a shopping trip and is showing her purchases to Patricio. First, read the statements below. Then, listen to their conversation and number the statements in the order in which they are said. You will hear this conversation twice.

_____ Linda compra la falda negra.

_____ Linda compra zapatos rojos.

_____ Linda ve la falda verde y la falda negra.

_____ Linda compra un suéter azul.

_____ Linda compra la camisa roja y negra.

C. Leer (___/___ *puntos*)

Read the following advertisement from a movie production company. Then, mark each statement below by circling **Cierto** if it is true and **Falso** if it is false.

> ¡Hoy puede ser el mejor día de su vida! La compañía cinematográfica Mar y Sol viene a su ciudad buscando nuevos actores. Vamos a producir una película romántica en la isla tropical de San Martín y Ud. puede ser parte de la emoción. Buscamos personas pelirrojas de 20 a 30 años con experiencia trabajando en restaurantes. Es mejor si Ud. tiene familia de San Martín, especialmente su padre, el padre de su padre o los hermanos de su padre. Si Ud. quiere ser actor, necesita venir al hotel Milagros en la playa de Miami el sábado que viene, a las dos de la tarde. ¡Buena suerte!

1. *Mar y Sol* es el nombre de la película.   **Cierto** **Falso**

2. Va a ser una película de horror.   **Cierto** **Falso**

3. La compañía busca personas viejas.   **Cierto** **Falso**

4. Un camarero pelirrojo puede ser el actor perfecto.   **Cierto** **Falso**

5. Es mejor tener un padre, un abuelo o un tío de San Martín.   **Cierto** **Falso**

6. Los actores tienen que venir al hotel por la mañana.   **Cierto** **Falso**

Realidades Ⓑ

Nombre _____

Hora _____

Examen cumulativo II

Fecha _____

Examen cumulativo II, Page 6

D. Escribir (___/___ *puntos*)

Describe Mónica who is getting ready for her first dinner party. What is she wearing? What is she doing right now? What room is she in and what is in that room? Be creative and use the drawing to guide you.

> Your writing will be graded on:
> • the amount of information you give.
> • the variety of vocabulary you use.
> • accurate use of newly learned vocabulary and grammar points.

_____

_____

_____

_____

_____

_____

_____

Realidades Ⓑ

Examen cumulativo II

Nombre _____

Fecha _____

Hora _____

Examen cumulativo II, Page 7

E. Hablar (___ / ___ *puntos*)

Your teacher may ask you to speak on one of the following topics:

1. Tell what you did during your last vacation. Where did you go? What did you do there? Ask your teacher what he or she did, where he or she went, etc. Start by saying: **"Durante las vacaciones pasadas..."**.

2. Imagine that you and your brother or sister are getting ready to surprise your parents by cleaning the house or apartment for them while they're out. Tell your sibling what to do to help out. Remember to use commands and talk about each room of the house or apartment and what needs to be done in each.

Your presentation will be graded on:

- the amount of information you give.
- how well you are organized.
- how easily you are understood.
- accurate use of newly learned vocabulary and grammar points.

This page intentionally left blank.

For M.

Published by Simon and Schuster
A Division of Simon & Schuster, Inc.
Simon & Schuster Building, Rockefeller Center
1230 Avenue of the Americas, New York, New York 10020

SIMON AND SCHUSTER is a registered
trademark of Simon & Schuster, Inc.

Produced by Welcome Enterprises, Inc., New York

Printed and bound in Japan by Dai Nippon

1 2 3 4 5 6 7 8 9 10

Library of Congress Catalog Card Number: 86-20406

ISBN: 0-671-63567-0

OFF To SEA

A Romance

By Richard Stine

A WELCOME BOOK

SIMON AND SCHUSTER
NEW YORK

There was a man.

There was a woman.

They met

and were drawn together in a
sea of mysterious attraction.

And for awhile they both said YES, YES

and they both said NO, NO

and all was harmonious...

Until the day when one said NO
And one said YES

and one said YES and one said NO.

Then came the anger

and then the fighting

and then the barriers

and then the isolation,

and each wondered
why. But there was
no answer, so each
went away...

One went this way,

and one went that way,

and each went off to see.

And this is what happened...

One walked in the stars

and one walked on the earth.

And one went to the edge of space

and one went to the end of time.

And one went to hell

and one went to heaven.

And one had pleasure

and one had pain.

And one saw death

and one saw birth.

And they returned from it all, met again and
realized they had both gone far and experienced
much. And for that they bowed respectfully
to each other and lay down to rest.
And in their sleep they dreamed...

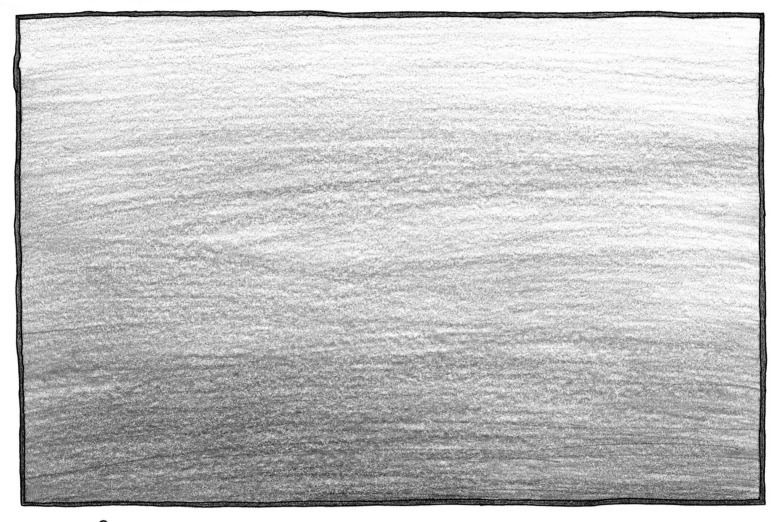

They dreamed of a Great Sea

and from the sea came a heart.

And the heart grew larger and larger

and larger . . .

Until it grew so large it could not be contained and it burst into pieces.

And every piece became something. And all the pieces became everything...

The birds

and the clouds and the trees

and the bugs

and the people

and the cars

and the rocks

and everything else.

And for awhile all
were happy and content
to be, to do, to want
and to get...

And the fish swam

and the birds flew

and the trees grew.

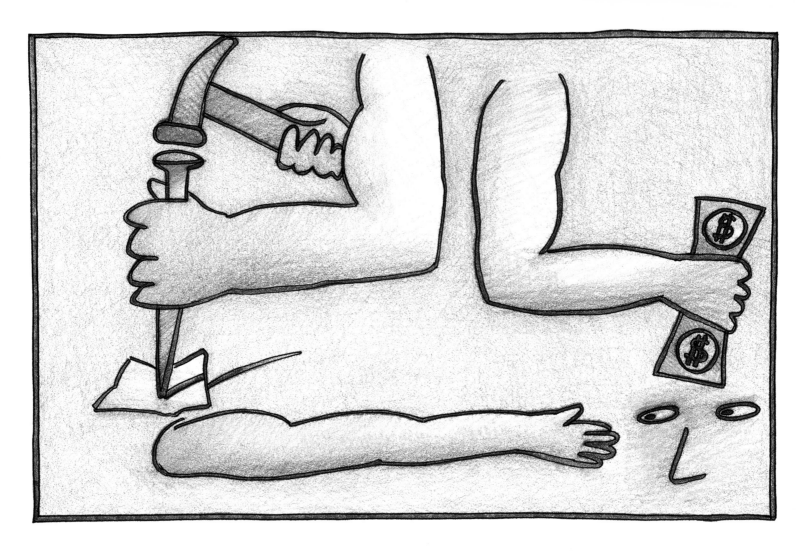

And people were, did, wanted and got.

But in time, being
and doing and want-
ing and getting were not
enough. At last, because
of all the unhappiness,
a decision was

made to unite again,
each in the heart as
part of the heart. And
that, by great effort,
is what they did.
And the dream ended.

The man and woman awakened
and knew they had dreamed the
same dream, and they smiled.

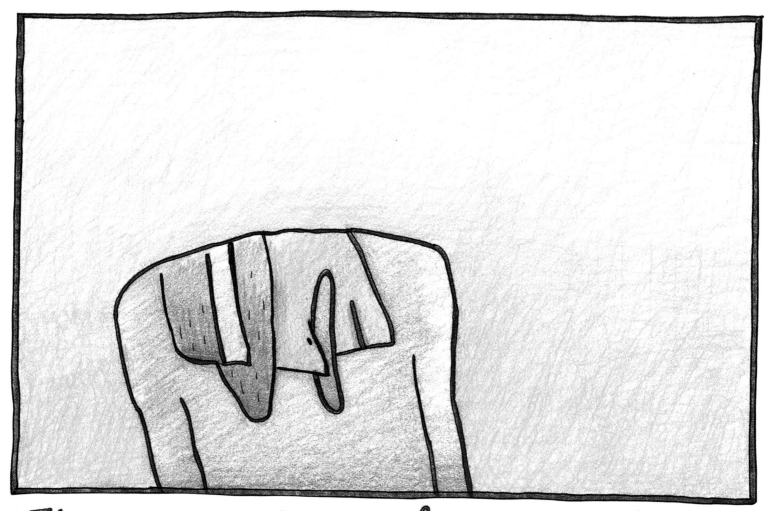

Time passed and the man entered himself and found many treasures,

and the woman entered herself
and found many riches.

And by those discoveries, each was strengthened.

And with that strength, the man entered the woman

and the woman entered the man.

And together as one

they saw pleasure and pain, time and space, heaven and hell, birth and death, and everything else unite in their essence.

And they were cleansed and deepened beyond themselves, and there they found Love.

And by that path they entered
the heart,

whose home is in the Great Sea,

whose home

is in the dream...

And
the
Dream
is
Real.